Gestão de vendas:
uma visão sobre a arte de vender

O selo DIALÓGICA da Editora InterSaberes faz referência às publicações que privilegiam uma linguagem na qual o autor dialoga com o leitor por meio de recursos textuais e visuais, o que torna o conteúdo muito mais dinâmico. São livros que criam um ambiente de interação com o leitor – seu universo cultural, social e de elaboração de conhecimentos –, possibilitando um real processo de interlocução para que a comunicação se efetive.

Gestão de vendas:
uma visão sobre a arte de vender

Samanta Puglia Dal Farra

Cláudia Osna Geber

Rua Clara Vendramin, 58 . Mossunguê
CEP 81200-170 . Curitiba . PR . Brasil
Fone: [41] 2106-4170
editora@editoraintersaberes.com.br
www.intersaberes.com

Conselho editorial Dr. Ivo José Both (presidente) | Dra. Elena Godoy | Dr. Neri dos Santos | Dr. Ulf Gregor Baranow

Editora-chefe Lindsay Azambuja

Gerente editorial Ariadne Nunes Wenger

Analista editorial Ariel Martins

Preparação de originais Gilberto Girardello Filho

Capa Denis Caio Tanaami (*design*) | HN Works e OPOLJA/Shutterstock (imagens)

Projeto gráfico Raphael Bernadelli | Sílvio Gabriel Spannenberg

Equipe de design Mayra Yoshizawa | Sílvio Gabriel Spannenberg

Diagramação Estúdio Nótua

Iconografia Sandra Lopis da Silveira | Regina Claudia Cruz Prestes

Dados Internacionais de Catalogação na Publicação (CIP)
(Câmara Brasileira do Livro, SP, Brasil)

Farra, Samanta Puglia Dal
  Gestão de vendas: uma visão sobre a arte de vender/Samanta Puglia Dal Farra, Cláudia Osna Geber. Curitiba: InterSaberes, 2020.

  Bibliografia.
  ISBN 978-85-227-0276-3

  1. Administração de vendas 2. Clientes Atendimento 3. Clientes – Contatos 4. Marketing 5. Planejamento estratégico 6. Sucesso em vendas 7. Vendas e vendedores I. Geber, Cláudia Osna. II. Título.

19-32182   CDD-658.81

Índices para catálogo sistemático:

1. Administração de vendas 658.81

Cibele Maria Dias – Bibliotecária – CRB-8/9427

1ª edição, 2020.
Foi feito o depósito legal.
Informamos que é de inteira responsabilidade das autoras a emissão de conceitos.
Nenhuma parte desta publicação poderá ser reproduzida por qualquer meio ou forma sem a prévia autorização da Editora InterSaberes.
A violação dos direitos autorais é crime estabelecido na Lei n. 9.610/1998 e punido pelo art. 184 do Código Penal.

Sumário

Prefácio, 7

Apresentação, 11

Como aproveitar ao máximo este livro, 15

1 **Gestão de vendas, 21**

   1.1   Introdução às vendas, 23

   1.2   As fases da venda, 31

   1.3   Diferenças entre vender produtos e vender serviços, 40

   1.4   Planejamento e previsão de vendas, 52

   1.5   Metas, 59

   1.6   Controle, 67

   1.7   Estratégia para gestão de vendas, 71

2 **A força de vendas, 91**

   2.1   Um bom vendedor, 93

   2.2   Gestão da força de vendas, 98

   2.3   Recrutamento e treinamento, 107

   2.4   O gestor da área de vendas, 115

   2.5   A motivação da equipe de vendas, 122

3 Vendas: B2B, B2C, direta e digital, 129

3.1 Vendas B2B, B2C e outras, 131

3.2 Venda direta, 142

3.3 Venda digital, 148

3.4 Relacionamento com o cliente, 156

4 Tendências para um futuro próximo, 173

4.1 Marketing e vendas, 175

4.2 Tendências da área comercial, 180

4.3 Tendências da área de marketing, 189

Para concluir..., 207

Referências, 209

Respostas, 221

Sobre as autoras, 225

Prefácio

COMPARADA ÀS DEMAIS ÁREAS DA ADMINISTRAÇÃO, COMO recursos humanos, finanças ou marketing, é certo que há relativamente pouca literatura especializada em gestão de vendas. Talvez porque a intersecção entre vendas, marketing e trade marketing seja grande demais na atualidade. Por um lado, o conhecimento se aprofundou em cada uma dessas áreas; por outro, é cada vez mais difícil separar esses assuntos, tamanha a interdependência entre eles. Ou ainda, quem sabe, porque o ato de vender seja tão antigo quanto a própria humanidade, e o conhecimento a respeito disso tenha surgido muito antes de qualquer conceito de gestão, razão pela qual ainda existe certo estigma de não existir uma área do conhecimento sobre gestão, e sim um conjunto de técnicas e/ou habilidades que exigem menos ciência e mais talento.

Certamente, este livro não contém todas as respostas para tais apontamentos, mas com certeza ele tem como primeiro mérito compilar pontos centrais no tocante à gestão de vendas, considerando aspectos interdisciplinares com outras áreas, como recursos humanos, marketing e trade marketing e mantendo o foco no que atualmente se entende por *gestão de vendas*.

Por mais tradicional que seja a área de vendas, seus desafios são constantemente renovados, seja pela influência das novas tecnologias, seja pela utilização massiva de banco de dados e outras ferramentas de inteligência artificial, seja pela própria evolução das relações humanas, das instituições e do papel das corporações na sociedade e na vida das pessoas, elevando as expectativas de clientes e fornecedores para relações de maior eficiência e eficácia a todo momento.

Assim, haveria um modelo ideal de gestão de vendas? Poderia alguma literatura ser abrangente o suficiente para abordar todos os modelos possíveis? Honestamente, creio que não. Os modelos possíveis são tão diversos quantos são os mercados, os setores de negócio, as estratégias corporativas e os recursos disponíveis. Vendas de *commodities*, venda de produtos de alta tecnologia, venda de serviços, vendas *business-to-business*, venda porta a porta e *e-commerce* fornecem combinações infinitas de modelos de gestão de vendas.

Diante disso, este livro proporciona uma visão geral objetiva e agradável que toca nos elementos essenciais da administração de vendas. Assim, contando com o apoio de diversos autores mencionados para fundamentar os conceitos expostos, esta obra lhe servirá como um guia para uma profunda viagem, na medida de suas necessidades.

É na adaptação desses elementos à realidade de cada negócio que reside a beleza e a arte da gestão de vendas. Uma arte que não dispensa a técnica ou o conhecimento dos conceitos de gestão, mas continua tendo a criatividade e a adaptabilidade do ser humano como elemento central.

Rodrigo Peçanha de Figueiredo
Country Sales Head AC Brazil – Henkell

Apresentação

De acordo com Dixon e Tanner (2012, p. 10, tradução nossa), a ação de vender é definida como o "fenômeno da interação humana entre e com indivíduos/organizações a fim de trazer a troca econômica dentro de um contexto de criação de valor".

Na conjuntura atual, com um número cada vez maior de empresas que oferecem produtos e serviços com pouca diferenciação entre si e que batalham pela preferência e fidelidade dos mesmos consumidores, a área de vendas torna-se cada vez mais importante, e sua definição vai muito além da apresentada.

Ter uma estratégia focada na área de vendas tornou-se um dos grandes diferenciais competitivos de uma empresa e um passo decisivo para o sucesso. As pesquisas e análises realizadas para a construção deste livro nos levam a crer que, no mercado competitivo em que vivemos, todos somos vendedores. Porém, se todos somos vendedores e estamos competindo em um mesmo mercado, como conseguiremos alcançar o sucesso?

Neste livro, unindo a tradicional teoria de vendas com informações atuais e de mercado, você entenderá quais são os principais pontos para ser um vendedor de sucesso – ou levar sua empresa ao sucesso.

Dessa forma, inicialmente, no Capítulo 1, buscaremos a compreensão do significado da palavra *vendas*, conceito fundamental para a sequência de toda a obra, apresentando um panorama amplo do que se entende por *gestão de vendas*, desde seu surgimento até os dias atuais, em que, de acordo com Pink (2013), mais de quinze milhões de pessoas ganham a vida ao tentar convencer alguém a fazer uma compra. Na sequência, abordaremos o conceito de administração de vendas. Destacaremos suas fases, esclareceremos a diferença entre produtos e serviços, bem como a importância de um planejamento e uma previsão eficazes como processos para determinar quais serão as vendas futuras. Apresentaremos, também, o uso de metas para alcance e controle de resultados, os meios de controle e de avaliação das metas e o acompanhamento desses índices.

Em seguida, no Capítulo 2, exploraremos com mais profundidade um dos elementos principais da gestão de vendas: a força de vendas, com destaque para os perfis do vendedor e do comprador e para as atividades de responsabilidade das equipes de vendas, assim como as ações de recrutamento, seleção e treinamento e o gerenciamento da força de vendas, que inclui o tamanho, a remuneração, o recrutamento e a seleção, o treinamento, a supervisão, a motivação e a avaliação das equipes.

No Capítulo 3, elucidaremos questões mais estratégicas, destacando o valor, a localização e os diferentes tipos de vendas, como as vendas B2B, B2C, de serviços, direta e digital, além da recomendação quanto à abordagem a ser adotada pelos vendedores para alcançarem seu sucesso e o das empresas em que trabalham. Também contextualizaremos o relacionamento com os clientes, destacando o pós-venda e a ferramenta CRM.

Por fim, no Capítulo 4, concluiremos esta obra ampliando a visão da gestão de vendas para a área de marketing, que é fundamental para o sucesso de qualquer empresa e deve atuar como uma parceira e, muitas vezes, como um suporte da área de vendas. Nesse capítulo, evidenciaremos, então, o que é a área de marketing e de que maneira ela se relaciona com a de vendas, além de abordarmos importantes tendências futuras nas áreas comercial e de marketing.

Esperamos que, ao fim da leitura desta obra, você tenha uma compreensão muito maior sobre o que realmente é a área de vendas e de qual é sua importância para as empresas. É nosso desejo que este livro desperte ainda mais sua curiosidade sobre esse importante diferencial competitivo das empresas, para que, ao se aprofundar cada vez mais no assunto, você entenda melhor por que a gestão de vendas é realmente uma arte.

Como aproveitar ao máximo este livro

Empregamos nesta obra recursos que visam enriquecer seu aprendizado, facilitar a compreensão dos conteúdos e tornar a leitura mais dinâmica. Conheça a seguir cada uma dessas ferramentas e saiba como elas estão distribuídas no decorrer deste livro para bem aproveitá-las.

Conteúdos do capítulo

Logo na abertura do capítulo, relacionamos os conteúdos que nele serão abordados.

Após o estudo deste capítulo, você será capaz de:

Antes de iniciarmos nossa abordagem, listamos as habilidades trabalhadas no capítulo e os conhecimentos que você assimilará no decorrer do texto.

Síntese

Ao final de cada capítulo, relacionamos as principais informações nele abordadas a fim de que você avalie as conclusões a que chegou, confirmando-as ou redefinindo-as.

Para saber mais

Sugerimos a leitura de diferentes conteúdos digitais e impressos para que você aprofunde sua aprendizagem e siga buscando conhecimento.

Questões para revisão

Ao realizar estas atividades, você poderá rever os principais conceitos analisados. Ao final do livro, disponibilizamos as respostas às questões para a verificação de sua aprendizagem.

Questões para reflexão

Ao propor estas questões, pretendemos estimular sua reflexão crítica sobre temas que ampliam a discussão dos conteúdos tratados no capítulo, contemplando ideias e experiências que podem ser compartilhadas com seus pares.

Estudo de caso

Nesta seção, relatamos situações reais ou fictícias que articulam a perspectiva teórica e o contexto prático da área de conhecimento ou do campo profissional em foco com o propósito de levá-lo a analisar tais problemáticas e a buscar soluções.

1
Gestão de vendas

Conteúdos do capítulo:

> O que é a área de vendas.
> Principais diferenças entre produtos e serviços.
> Aspectos gerenciais, de controle e estratégicos da área de vendas.

Após o estudo deste capítulo, você será capaz de:

1. compreender o que é a área de vendas, seus conceitos e sua evolução histórica;
2. entender as seis principais fases da venda e as etapas do modelo Aida;
3. diferenciar a venda de produtos e serviços e descrever os 4 Ps de cada modalidade;
4. entender como funcionam os processos de planejamento e previsão de vendas;
5. compreender o que são as metas da equipe de vendas, como planejá-las e controlá-las;
6. ter clareza da estratégia de criação de valor e localização como diferenciais para o sucesso da venda.

ANTES DE COMEÇARMOS A ABORDAR QUALQUER ASSUNTO, é quase um pré-requisito o esclarecimento do conceito de gestão de vendas, do surgimento dessa área e dos assuntos relacionados a ela. Por isso, neste capítulo, apresentaremos, inicialmente, os conceitos de vendas, as fases da venda, com destaque para os quatro estágios do modelo Aida e para as diferenças entre vender serviços e produtos, considerando os 4 Ps de cada uma dessas categorias.

Em face dessa contextualização, exploraremos o processo de planejar e prever a venda e as tradicionais metas relacionadas à área de vendas, incluindo sugestões de formatos para o acompanhamento e o alcance de metas, bem como de modos de controlá-las.

Após essa visão macro, apresentaremos como estratégia para a gestão de vendas a criação de valor e a localização do negócio, finalizando com dois importantes casos de sucesso das empresas Ikea e GPA.

1.1 Introdução às vendas

Para darmos início a este capítulo, acompanhe primeiramente a seguinte definição de Chiavenato (2005, p. 27) sobre a ação de vender:

> Vender é parte integrante de um conjunto de atividades e processos organizacionais que busca intensificar cada vez mais o relacionamento entre organização e clientela. Vender – e vender bem – significa colocar toda a organização a serviço do cliente, antes, durante e depois do processo de venda propriamente dito. Isso tem um significado importante: a ação de vender deve ter toda a organização como

retaguarda e apoio ao processo de satisfazer e encantar o cliente.

Para analisarmos e compreendermos a fundo o conceito de vendas, é necessário voltar um pouco ao passado, a fim de retomar seu significado e a história por trás desse tema. A área de vendas remonta à Antiguidade, com os fenícios, que produziam tecidos e os transportavam para outras cidades, criando, assim, o comércio internacional (Chiavenato, 2005).

Se você puxar pela memória, certamente se lembrará de ter estudado o que é escambo, não é mesmo? Mas o que esse papo mais parecido com uma aula de História tem a ver com gestão de vendas? Tudo! No começo, no tempo das cavernas, os homens caçavam e procuravam alimentos apenas para sobreviver; a sociedade era nômade e mudava de lugar sempre que os recursos findavam após um período de exploração. Desde essa época, as trocas já eram fundamentais: trocava-se uma pele para se aquecer no inverno por um pedaço de carne, por exemplo.

Apesar de nossos antepassados estarem apenas realizando trocas, nesse contexto já era possível encontrar alguns elementos fundamentais de uma venda: valor; oferta e demanda; e pessoas.

Se pensarmos de forma simplificada, as vendas são, essencialmente, trocas, afinal, trabalhamos em troca de dinheiro e o usamos para trocar por produtos e serviços. Essa evolução da "troca" propriamente dita para um princípio do comércio ficou mais evidente com a evolução da agricultura e ainda mais forte com a industrialização, responsável por gerar os excedentes e possibilitar o comércio da forma como hoje é conhecido.

Essa grande mudança de perspectiva veio apenas com as primeiras moedas em metal, em 5000 a.C. Ao pesquisarmos mais sobre a história das vendas, encontramos poucos materiais sobre o tema, o que reforça a ideia de que tal temática vem recebendo menos atenção do que realmente merece. Parte disso é consequência de um tema que será discutido mais profundamente no capítulo em que abordaremos o perfil do vendedor, um conjunto de habilidades que muitas vezes é considerado "nato", ou seja, a pessoa "boa de papo", capaz de "vender gelo para esquimó". Tendo em vista tornar mais clara a evolução dessa história, o infográfico da Figura 1.1 destaca as principais mudanças ocorridas no contexto social que resultaram na atual área de vendas.

Figura 1.1 – **História da área de vendas**

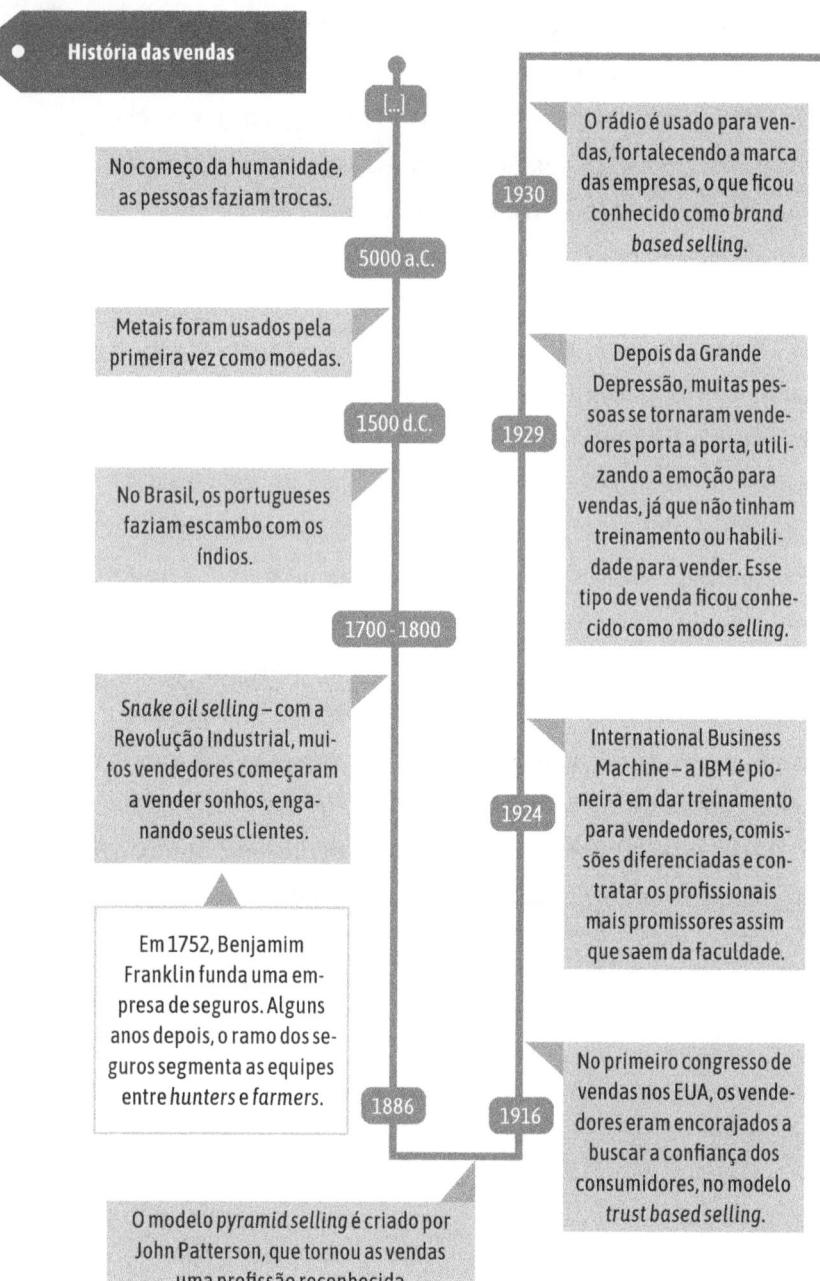

História das vendas

[...]

No começo da humanidade, as pessoas faziam trocas.

5000 a.C. Metais foram usados pela primeira vez como moedas.

1500 d.C. No Brasil, os portugueses faziam escambo com os índios.

1700-1800 *Snake oil selling* – com a Revolução Industrial, muitos vendedores começaram a vender sonhos, enganando seus clientes.

Em 1752, Benjamim Franklin funda uma empresa de seguros. Alguns anos depois, o ramo dos seguros segmenta as equipes entre *hunters* e *farmers*.

1886 O modelo *pyramid selling* é criado por John Patterson, que tornou as vendas uma profissão reconhecida.

1916 No primeiro congresso de vendas nos EUA, os vendedores eram encorajados a buscar a confiança dos consumidores, no modelo *trust based selling*.

1924 International Business Machine – a IBM é pioneira em dar treinamento para vendedores, comissões diferenciadas e contratar os profissionais mais promissores assim que saem da faculdade.

1929 Depois da Grande Depressão, muitas pessoas se tornaram vendedores porta a porta, utilizando a emoção para vendas, já que não tinham treinamento ou habilidade para vender. Esse tipo de venda ficou conhecido como modo *selling*.

1930 O rádio é usado para vendas, fortalecendo a marca das empresas, o que ficou conhecido como *brand based selling*.

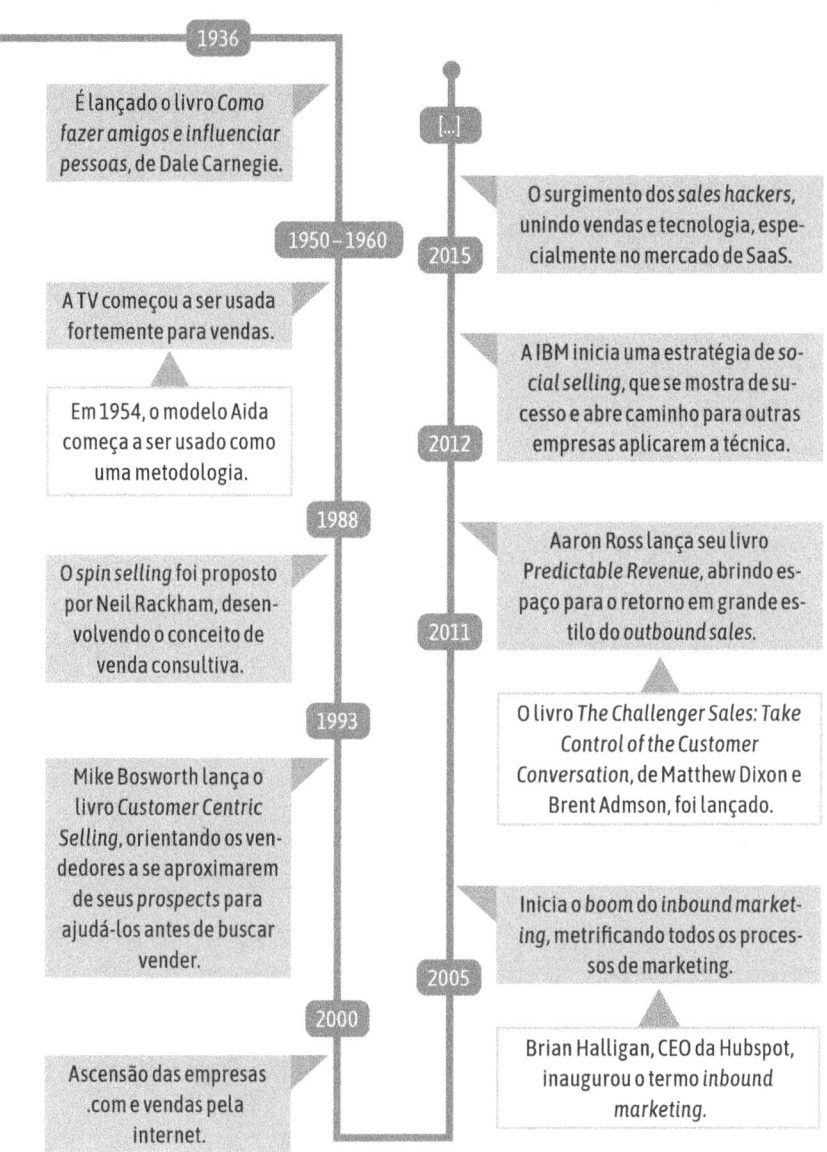

Fonte: Elaborado com base em Faria, 2019.

A palavra *venda* vem do latim *vendĭta*, que representa a ação e o efeito de vender, ou seja, o ato de transferir a propriedade de algo para outra pessoa mediante o pagamento de um preço previamente estipulado. A palavra *vender* também tem sua origem no latim, de *vendere*, que se originou da expressão *venum dare*, que se refere ao ato de colocar à venda ou dar algo a alguém (Cunha, 2012).

Ainda, conforme Chiavenato (2005, p. 326), "venda é o ato de induzir alguém a trocar algo – mercadorias ou serviços – por dinheiro. [...] a venda significa o encontro do agente de oferta com o agente de procura. Juntar a oferta com a procura: este é o desafio do marketing".

Observe, na Figura 1.2, uma "nuvem de palavras", que é um recurso gráfico utilizado para representar os termos mais frequentes associados à palavra *vendas* (em inglês, *sales*). Como está em língua inglesa, destacamos algumas das principais palavras: *marketing, estratégia, consumidor, cliente, vendas, análise, venda B2C* (venda para consumidor), *venda B2B* (venda entre empresas).

Figura 1.2 – **Nuvem de palavras para o termo vendas (em inglês, sales)**

O processo de vendas é amplo e depende de um processo maior que vem da orientação de marketing. Assim, a função de vendas não deve ser tratada como uma atividade isolada, embora esteja na linha de frente no que tange ao relacionamento e à comunicação com o mercado (Las Casas, 2005; Chiavenato, 2005). O sucesso das vendas está em sua conformidade com a estratégia delineada pela empresa, o que só é viável quando todo o composto de marketing está envolvido: produto, preço, praça e promoção – as vendas estão inseridas no item *promoção* (Cobra, 1994).

A área de vendas, fundamental para o sucesso de toda empresa, ainda apresenta pouca literatura a seu respeito e não é muito valorizada pela academia. Existe, portanto, um *gap* teórico nessa área, a qual, em grande parte das obras disponíveis, é tratada como uma etapa do marketing. Apesar de uma depender da outra para o sucesso, elas têm focos e objetivos diferentes.

Enquanto o marketing se concentra em atender às necessidades do comprador, a venda se concentra em atender às necessidades do vendedor, preocupando-se em como converter um produto em dinheiro, o que geralmente é feito por meio da oferta ou da geração de necessidade com a criação de um produto.

Definido o conceito de vendas, passaremos para a administração de vendas, que inclui planejamento, direção e controle de vendas por meio de recrutamento, treinamento, determinação de rota, motivação e outros elementos.

A Associação Americana de Marketing define "administração de vendas" como um conjunto de funções, planejamento, direção e controle de venda pessoal, incluindo recrutamento, seleção, treinamento, providências de recursos, delegação, determinação de rotas, supervisão, pagamento e motivação, à medida em que estas tarefas são aplicadas à força de vendas. (AMA, citada por Santângelo, 2013)

Como o conceito de vendas existe desde os primórdios da humanidade, atualmente, há uma busca por trazer uma nova visão dessa ação, vista simultaneamente como uma arte e uma ciência. Assim, a área de vendas pode ser considerada como uma ciência social, pela intuição envolvida:

> Todos os dias, mais de quinze milhões de pessoas ganham a vida ao tentar convencer alguém a fazer uma compra. São agentes imobiliários, técnicos de vendas e corretores em valores mobiliários. Vendem aviões a companhias aéreas, comboios a autarquias e automóveis aos eventuais futuros condutores que visitam os mais de dez mil concessionários de automóveis espalhados por todo o país. Alguns trabalham em gabinetes elegantes com vistas fabulosas, outros em cubículos tristes e sombrios decorados com reproduções da banda desenhada Dilbert e calendários gratuitos. Mas todos eles vendem alguma coisa, seja contratos de consultoria multimilionários, seja assinaturas de revistas por dez dólares e tudo o mais que possa caber entre estes dois extremos. (Pink, 2013, p. 22)

A administração de vendas é uma área que vem assumindo cada vez mais importância nas organizações e, para que seja bem-sucedida, as empresas devem organizar, planejar e executar as fases da venda.

> **Para saber mais**
>
> PINK, D. H. **Vender é humano**: motivar mais para persuadir melhor. Lisboa: Gestão Plus, 2013.
> Este é um *best-seller* do *New York Times*, do *Wall Street Journal* e do *Washington Post*. Sua leitura vale a pena para aprofundar seus conhecimentos sobre vendas.

1.2 As fases da venda

A alma de um negócio bem-sucedido é, sem dúvida, o vendedor. Porém, sem um processo estruturado de vendas, ele não consegue alcançar o tão esperado sucesso.

É por meio desse processo de vendas e da execução das etapas fundamentais que o compõem que o vendedor se aproxima do cliente, atende-o com todos os recursos necessários e alcança os resultados esperados (ou supera-os). Por isso, dominar cada uma dessas etapas é essencial para atingir o sucesso nas vendas. Se você é fraco em uma ou mais áreas, você até poderá sobreviver como vendedor, mas não prosperará. A maioria dos vendedores é intensamente desafiada em uma ou duas áreas. Então, identifique seus pontos fracos e continue trabalhando neles para melhorar seus resultados de vendas.

Nesse sentido, o **modelo Aida**, exposto na Figura 1.3, resume em quatro passos o funcionamento humano em relação à aquisição de um produto ou serviço.

Figura 1.3 – **Modelo Aida: funil de vendas**

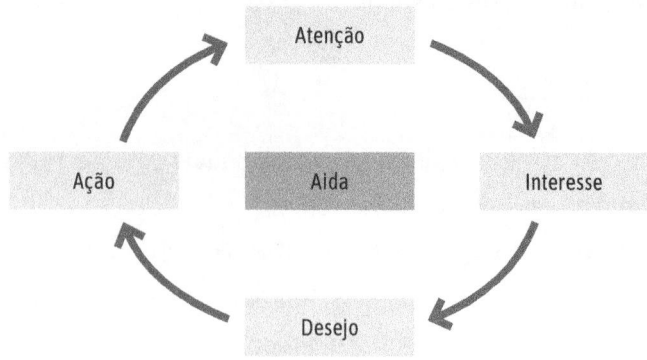

Fonte: Ribeiro, 2017.

Apesar de diversos estudiosos darem o crédito do modelo Aida a E. K. Strong por tê-lo publicado pela primeira vez em sua obra *Theories of Selling* (em português, *Teorias de vendas*), em 1925, o criador desse modelo foi Elias St. Elmo Lewis, em 1898. Os estágios *atenção, interesse, desejo* e *ação* formam uma hierarquia linear pela qual os consumidores passam no processo de compra. Dessa forma, para adquirir um produto ou serviço, o consumidor deve, obrigatoriamente, passar pelas quatro etapas Aida (Serrano, 2006).

A seguir, apresentaremos algumas considerações sobre os quatro estágios desse modelo.

› **Atenção**: refere-se a saber da existência do produto ou serviço.

Pare por um minuto e tente imaginar por quantas abordagens de vendas você foi bombardeado hoje. Certamente, um número sem fim de *e-mails* marketing, mensagens via WhatsApp, *outdoors*, propagandas no rádio, ligações oferecendo um novo plano de celular... Só de pensar já sentimos cansaço, pois estamos perdidos em meio a tanta informação, certo?

Chamar a atenção das pessoas se tornou um grande desafio. E, da mesma forma que no século passado, para iniciar um processo de venda, é necessário ter a atenção do consumidor. Nesse sentido, alguns obstáculos precisam ser vencidos para que isso aconteça: primeiro, ser conhecido (em um mundo em que a competição por atenção é insana); segundo, é preciso colocar as pessoas no estado de implementação (denominação usada em relação ao comportamento do consumidor), isto é, quando as pessoas entram em um estado de disponibilidade para comprar.

Sabe aquela sensação de ver uma placa enorme de liquidação de até 70% de desconto em uma loja que você ama? Na verdade, isso é mais do que uma força de expressão. Ao sermos impactados pelo impulso de comprar, o organismo realmente entra em um estado de alerta, os batimentos cardíacos se aceleram, as pupilas dilatam e somos tomados pela ansiedade. Contudo, até tirar uma pessoa da total indiferença e levá-la ao desejo de compra, existe um longo e complexo processo.

Nessa etapa, entram todos os esforços de marketing, as propagandas, ações de assessoria de imprensa, ações de *merchandising*, influenciadores, mídias sociais etc. É nesse momento que o consumidor presta atenção na marca, a qual passa a fazer parte de seu repertório, mesmo que de forma inconsciente.

> **Interesse**: após a primeira etapa, a da atenção, é fundamental que o produto capte e mantenha o interesse do futuro cliente.

Imagine a seguinte situação: você está buscando comprar um carro; então, você vê a propaganda de uma concessionária e decide saber mais sobre o que ela oferece. Ao chegar à concessionária, é fundamental que o vendedor do veículo, além de passar todas as informações, saiba fazê-lo de forma envolvente e atrativa e mostre que o produto atende às suas necessidades, fazendo, assim, você se interessar pela compra. Para gerar esse interesse, é recomendado o uso de mensagens atrativas que criem um mistério ou que gerem uma recompensa para o cliente.

> **Desejo**: é preciso despertar o desejo de obter os benefícios que o produto oferece.

Uma vez criado o interesse, o próximo passo é apresentar o produto como agente de satisfação das necessidades, dos desejos despertados ou da resolução dos problemas. Ou seja, é o momento de falar do produto ou serviço, sobre detalhes de funcionamento, diferenciais em relação aos concorrentes, bem como condições especiais, a exemplo de garantias, forma de entrega ou prestação de serviço e facilidade de manutenção. É como fazem os programas de vendas na televisão, com seus produtos que parecem mágicos. Sobre isso, se você ainda não assistiu ao filme *Joy: o nome do sucesso*, vale a pena vê-lo.

Esse filme conta a história de Joy Mangano, uma empresária de grande sucesso nos EUA com o lançamento do chamado *miracle mop* – um esfregão de limpeza que retira toda a sujeira sem esforço. Ele retrata que um dos principais fatores para o sucesso da invenção de Joy foi a forma de vender seu produto, além, é claro, de sua persistência diante das adversidades. Em determinado momento do filme, o *miracle mop* finalmente aparece em um programa de televisão em formato de anúncio, porém o produto é um fracasso em vendas, em virtude da apresentação nada convincente. Entretanto, como a própria inventora conhecia melhor que ninguém as vantagens de seu produto, Joy assumiu a posição de garota-propaganda, e as vendas dispararam imediatamente, deixando clara a importância da comunicação.

Logo, esse estágio do modelo Aida diz respeito ao momento de mostrar os diferenciais do produto/serviço e fazer com que o consumidor identifique alguma necessidade latente de adquiri-lo.

› **Ação**: refere-se à ação de comprar o produto.

Essa é a hora da verdade, o fechamento da venda, o último passo, aquele em que todos os esforços anteriores são recompensados.

É importante que o vendedor saiba ler os sinais de seu comprador para efetivar a venda. É o momento também de dosar a intensidade para não pôr tudo a perder por conta da ansiedade, que pode ser uma grande inimiga nesse momento. Nessa etapa, o vendedor já conhece o perfil do cliente, e é importante reforçar os benefícios que já foram apresentados. O mais importante aqui é entender que as vendas começam muito antes do primeiro contato com o vendedor. Nesse momento, o papel do marketing começa a aparecer dentro do contexto da venda em si. O funil de venda ainda é aplicável nos dias de hoje para muitos negócios, mas, com a internet e tantos pontos de contato disponíveis atualmente, é essencial planejar um processo de vendas que vá um pouco além desses quatro passos.

O modelo Aida se refere ao percurso do cliente até a efetivação da compra, mas, antes, é necessário entender mais profundamente as etapas de vendas. Com esse conhecimento, fica evidente que muitas vezes uma venda pode ser demorada e não acontecer em um único contato. Respeitar o tempo do cliente é fundamental para conquistá-lo no longo prazo. Não importa o que se esteja vendendo, e isso vale para produtos, serviços ou mesmo uma ideia. Um processo de vendas segue aproximadamente o mesmo padrão, embora os vendedores nem sempre estejam nas etapas certas de uma venda.

Segundo a maioria dos autores e livros renomados a respeito da área de vendas, existem seis fases fundamentais que devem ser seguidas para garantir uma venda bem-sucedida, as quais serão apresentadas a seguir (Negócios e Carreiras, 2015).

> **Fase 1: Prospecção de clientes**

Pense no seguinte: Você conseguiria vender algo sem conversar com o público a quem o produto/serviço se destina? Provavelmente não. Por isso, a primeira etapa do processo de vendas é prospectar o cliente-alvo da venda. Para fazer isso, o vendedor deve utilizar sua criatividade e definir com quem ele deseja conversar, ou seja, quem tem o perfil do produto ou serviço que será comercializado. Depois de esse perfil ser definido, o vendedor deve estabelecer como fará a abordagem e organizar como será feito o registro de todas as informações desse contato inicial.

> **Fase 2: Abordagem ao cliente**

Depois de definir quem é o público, a próxima etapa será falar com ele. Esse passo é um dos mais importantes, afinal, no contexto de vendas, a métrica "os fins justificam os meios" não se aplica, e uma primeira abordagem ineficaz impacta todo o processo de venda.

Essa abordagem consiste, basicamente, na interação inicial entre o vendedor e o comprador, e ela deve ser embasada em respeito, bom senso e cordialidade, para que o cliente se sinta atraído pelo produto/serviço desde o início do processo de venda.

Nessa fase, é importante também lembrar que existem diferentes tipos de clientes: há aqueles que preferem uma abordagem mais sutil, os que gostam mais de um contato incisivo, entre outros. Por isso, cabe ao vendedor saber "com quem está falando" para definir qual será a melhor abordagem.

Ainda, é fundamental fazer uma preparação dessa abordagem, pois, por melhor que seja o vendedor, é muito difícil ter todas as informações que precisam ser faladas e todas as possíveis respostas na ponta da língua. Por isso, sugerimos que o vendedor crie um roteiro de vendas, identificando as informações mais relevantes, possíveis esclarecimentos e sugestões de temas aleatórios, com o intuito de "quebrar o gelo", algo que certamente auxiliará no processo da venda.

Assim como no nosso dia a dia a "primeira impressão é a que fica", no processo de venda é essa abordagem inicial que vai estabelecer (ou não) uma relação de confiança e credibilidade entre o vendedor e o comprador.

> **Fase 3: Identificação das necessidades**

Na sequência das etapas anteriores, o vendedor precisa identificar qual é a necessidade desse cliente, ou seja, aquilo de que ele realmente precisa. Esse aspecto vai além do que o vendedor é capaz de enxergar e atinge também o sistema cognitivo, isto é, o que o consumidor está pensando, mas que, muitas vezes, nem ele sabe. Por esse motivo, é necessário fazer perguntas e dar muito espaço para o cliente falar e expor seus pensamentos, pois só assim o vendedor conseguirá entender o que o consumidor está buscando e, desse modo, saber o que lhe apresentar.

Nessa etapa, é de grande auxílio que o vendedor consiga "tangibilizar o intangível", ou seja, fazer com que o cliente já se imagine usando e aproveitando o produto.

O vendedor também precisa encontrar uma solução para o problema do comprador, focando as vantagens e os benefícios do produto que está oferecendo para convencer o cliente de que ele está fazendo um bom negócio.

> **Fase 4: Superação de objeções e resistências**

Depois de descobrir como solucionar o problema do cliente, o vendedor deve informar os detalhes do produto em questão. Nesse momento, o cliente provavelmente vai expor objeções e resistências, tais como preço alto, falta de credibilidade ou de conhecimento do produto, dúvidas sobre sua real necessidade de adquiri-lo, entre outras.

Para poder eliminar essas objeções, o vendedor precisa, primeiramente, identificá-las com atenção, para, então, apresentar todos os benefícios do produto e ressaltar seus diferenciais, inclusive em relação a preço e até à concorrência. Portanto, o vendedor deve ter conhecimento não só do produto que comercializa, como também do mercado em que atua e da concorrência.

Evidentemente, as respostas às resistências devem ser sutis e colocadas para o cliente de forma adequada e no momento certo. Por isso, o vendedor deve ter empatia e colocar-se no lugar do cliente, entendendo genuinamente suas dúvidas e objeções, na intenção de atrair (e não de repelir) o cliente para concretizar a venda.

› **Fase 5: Concretização da venda**

Após as etapas anteriores, com o cliente convencido e decidido pela compra, chega o momento de o vendedor concretizá-la. Essa etapa da conclusão se inicia com a revisão de todas as informações da venda: detalhes e informações do produto, preço, logística, garantia etc. Essa fase também envolve muita confiança e é crucial para o negócio. É fundamental que o cliente tenha a oportunidade de esclarecer todas as suas dúvidas e de sentir que pode confiar no vendedor.

> **Fase 6: Acompanhamento pós-venda**

Muitos acreditam que, depois de a venda ser concluída, o processo de vendas se encerra e, assim, pode-se partir para outra venda. Porém, esse é um erro bastante crítico e que pode impactar muitas vendas futuras, já que um cliente satisfeito se torna leal, volta à loja e a indica aos amigos e familiares. Este tópico é tão importante que será mais detalhadamente abordado no Capítulo 4.

1.3 Diferenças entre vender produtos e vender serviços

Para realizar uma venda de sucesso, é fundamental entender o que se vende e, portanto, as diferenças entre vender serviços e produtos. Existe uma grande confusão entre os conceitos de produtos e serviços, muito possivelmente por haver produtos que incluem serviços em sua oferta, bem como serviços que incluem produtos.

A diferença diz respeito, principalmente, ao fato de os produtos serem tangíveis, enquanto os serviços são intangíveis. Além disso, um produto é consumido após sua produção, enquanto o serviço é consumido durante sua prestação. Outra importante diferença está na precificação, que, no caso do produto, é muito mais fácil de ser definida, pois é muito mais palpável (ex.: custo de insumos, de logística etc.).

A primeira premissa para a formulação de um produto é que ele seja desenvolvido para atender às necessidades do cliente (Kotler; Keller, 2012). Assim, o produto é avaliado pelo cliente considerando-se três principais fatores, e é somente por meio da combinação deles que surge um produto realmente competitivo:

> características e qualidade;
> *mix*;
> preço apropriado.

Ao perguntar a alguém "O que é um produto?", a primeira resposta certamente levará a algo tangível, afinal, um produto pode ser uma lata de leite condensado, um tênis, uma pasta de dente etc. Essa dedução está correta, porém, tecnicamente, um produto é tudo o que pode ser oferecido em um mercado para satisfazer a uma necessidade ou a um desejo, incluindo bens físicos, serviços, experiências, eventos, pessoas, lugares, propriedades, organizações, informações e ideias.

Dessa forma, os produtos são classificados por suas características de durabilidade e de tangibilidade. Com base nessa classificação, eles são separados em grupos, conforme exposto na Figura 1.4 e detalhado a seguir.

Figura 1.4 – Classificação de bens duráveis, não duráveis e serviços

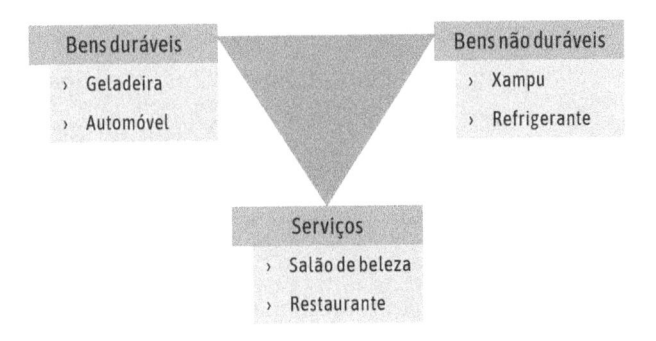

Bens duráveis	Bens não duráveis
> Geladeira	> Xampu
> Automóvel	> Refrigerante

Serviços
> Salão de beleza
> Restaurante

› **Bens não duráveis**

São bens tangíveis, também conhecidos na indústria como *bens de consumo rápido*. Em multinacionais, você ouvirá profissionais dizendo que atuam no setor de *fast move products*, produtos de giro rápido e, em geral, de valor acessível a um grupo maior de pessoas. Também se referem a produtos que enfrentam uma alta concorrência e maior dificuldade de diferenciação. Como são produtos de margem de lucro reduzida e que dependem de altos volumes de venda no varejo, eles requerem uma estratégia de distribuição bastante ampla e pulverizada. Para essa categoria, pense em exemplos como leite, refrigerante, pasta de dente e sabão em pó.

› **Bens duráveis**

São bens tangíveis que demandam mais tempo de consumo, também conhecidos como *bens de comparação*. Referem-se aos bens que são mais considerados pelo consumidor no momento da compra, pois, para adquiri-los, ele investirá um valor maior e vai utilizá-los por mais tempo. Nesse segmento, encontramos produtos como aparelhos celulares, geladeiras, roupas de maior valor agregado, móveis, entre outros. Por se tratar de produtos de maior valor, é possível atuar com margens mais altas, mas também com maiores expectativas do consumidor. Para isso, é necessário contar com estratégias que envolvam assistência técnica, garantia e serviços complementares, as quais representam diferenciação e permitem a prática de preços maiores no mercado.

Para ficar mais fácil entender a diferença entre bens não duráveis e duráveis, pense em quantas vezes você compra um refrigerante em um ano e em quantas vezes você compra uma geladeira. Mais do que isso, considere também o tempo dedicado para planejar e decidir cada compra. Você comprará sem pensar muito ou procurará por *reviews* na internet, opiniões de amigos ou de especialistas?

> **Serviços**

Em contrapartida, serviços são produtos intangíveis, inseparáveis, variáveis e perecíveis. Por exemplo, imagine um assento em um avião. Uma vez que o voo tenha partido, os assentos não vendidos estarão "perdidos". Não há como fazer uma promoção ou estocar para vendê-los na próxima temporada. O mesmo acontece com um horário marcado no dentista ou na manicure quando o cliente não aparece: o horário foi perdido e, com ele, o produto intangível, o tempo do profissional. Assim, a percepção de um serviço é formada pela experiência do cliente. Portanto, serviços são produtos muito mais difíceis de serem padronizados e terem a qualidade controlada, além de apresentarem menor credibilidade e adaptabilidade em comparação com um produto tangível, pois envolvem pessoas, tanto as que realizam o serviço quanto as que o recebem. Trata-se de um mercado em que a percepção do consumidor é muito importante. Ou seja, não adianta uma cliente ter seu cabelo cortado por meio de uma técnica perfeita se, ao final, ela não se sentir bonita ou se o local parecer sujo e o café estiver frio, por exemplo.

Para facilitar o entendimento sobre o tema, uma vez que já estabelecemos a diferença entre produtos duráveis, não duráveis e serviços, passaremos a uma nova classificação, desta vez agrupando os produtos por hábitos de compra.

› **Bens de conveniência**

Como o próprio nome sugere, são produtos adquiridos principalmente por conveniência, isto é, não exigem grandes decisões de compra ou de recursos. Em geral, eles envolvem um esforço mínimo para serem adquiridos, a exemplo de cigarro e água mineral. Esses bens se dividem em:

› **Produtos básicos**: envolvem certa regularidade de compras e, muitas vezes, o consumidor já tem hábitos arraigados e maior lealdade a determinada marca (como escolher o cereal matinal Sucrilhos, por exemplo).
› **Bens de impulso**: são bens comprados sem esforço ou planejamento. É como um chiclete ou chocolate que você viu na fila do caixa no supermercado e acabou comprando ou uma revista que lhe chamou a atenção por um tema destacado na capa.
› **Bens de emergência**: são produtos que, em geral, só são lembrados no momento da necessidade. Por exemplo: uma pessoa que mora em São Paulo e usa muito o metrô como meio de transporte pode observar, com frequência, os vendedores de guarda-chuva que aparecem nas portas da estação no momento exato em que uma chuva começa. Esse é um exemplo de compra

que só é lembrada na necessidade. Logo, os bens de emergência se referem a produtos que necessariamente devem estar disponíveis no local e na hora em que o consumidor deles precisar.

> **Bens de compra comparada**: a compra desse tipo de produto exige mais dedicação do comprador. Nessa categoria, o investimento é maior e gera certa angústia por parte do comprador, que tem medo de errar. Entre as comparações, estão as diferenças de qualidade, modelo e adequação. Algumas lojas digitais já oferecem sistemas de comparação para ajudar o consumidor no momento da escolha, inclusive simuladores que auxiliam no quesito *adequação*. Com relação à adequação, buscamos responder a questões como: Qual será a potência ideal do ar-condicionado para o tamanho do meu quarto? Será que uma televisão de 60 polegadas ficará grande demais na minha sala?

> **Bens de especialidade**: quanto maiores forem o desembolso e o envolvimento do consumidor com o produto, maior será o esforço que ele está disposto a fazer para adquiri-lo. Diferentemente da compra de um chiclete ou mesmo de um guarda-chuva, é provável que um cliente esteja disposto a dirigir por alguns quilômetros para procurar revendedores especializados, pesquisar preços e experimentar um produto. Nesse caso, se encaixam automóveis, roupas de alta costura, ternos, imóveis etc. Também nesse segmento a marca e seus atributos ganham maior destaque como fatores relevantes para a decisão de compra.

› **Bens não procurados**: são produtos necessários, mas ligados a assuntos tabus, como seguro de vida ou lápides. Imagine alguém que pesquisa modelos de lápides, planeja o que deseja que esteja escrito nela ou escolhe o melhor lote para seu jazigo... Divulgar e vender esses produtos exige habilidade e sutileza. Por mais que o vendedor saiba que setores de hospitais com pacientes terminais são uma grande concentração de potenciais clientes, oferecer um caixão ou um jazigo em um hospital, um ambiente em que lidamos com situações extremas e fortes emoções, é bem mais delicado do que oferecer um guarda-chuva em uma estação de metrô. Logo, os bens não procurados são produtos que exigem grande habilidade para quem precisa vendê-los.

› **Bens industriais**: referem-se aos bens comprados pelas empresas, tanto matérias-primas para produção quanto equipamentos, móveis e itens diversos necessários para a execução de atividades. O comprador desse tipo de bem é especializado, e o produto pode ser desenvolvido especialmente para um cliente e negociado caso a caso, com distribuição dirigida e comunicação direta.

› **Bens de capital**: são bens intermediários (ex.: equipamentos e instalações) necessários para a produção de outros bens. É a chamada *indústria business-to-business* (B2B). Tais bens são produzidos por um setor industrial intermediário, como indústrias mecânicas, e são considerados estratégicos pela *expertise* e pela tecnologia que englobam. Ao contrário dos bens de consumo, os bens de capital são utilizados no processo de produção. Um exemplo claro: quem fornece ingredientes para a Coca-Cola precisa ter uma *expertise* muito grande sobre o produto, e esse fornecimento é extremamente estratégico para a "fórmula secreta" desse famoso refrigerante.

Agora que a diferença entre serviços e produtos já está clara, a seguir vamos detalhar um importante conceito: os 4Ps dos produtos e dos serviços.

1.3.1 Os 4 Ps dos serviços e dos produtos

Ferramentas fundamentais para a área de marketing, os 4 Ps são também conhecidos como *mix de marketing* ou *4 Ps de Kotler*, apesar de o conceito ter sido desenvolvido por Jerome McCarthy, em 1960, no livro *Marketing básico*, e não por Philip Kotler, que, na década de 1970, apresentou uma visão refinada sobre o tema e deu credibilidade e visibilidade aos 4Ps.

Existem modelos diferentes de gestão dos 4 Ps e, embora esse modelo sempre possa ser aprimorado, alguns fatores nunca deixarão de ser essenciais ao desenvolvimento do *mix de marketing*. Eles estão expressos na Figura 1.5 e detalhados a seguir.

Figura 1.5 – Os 4Ps do marketing

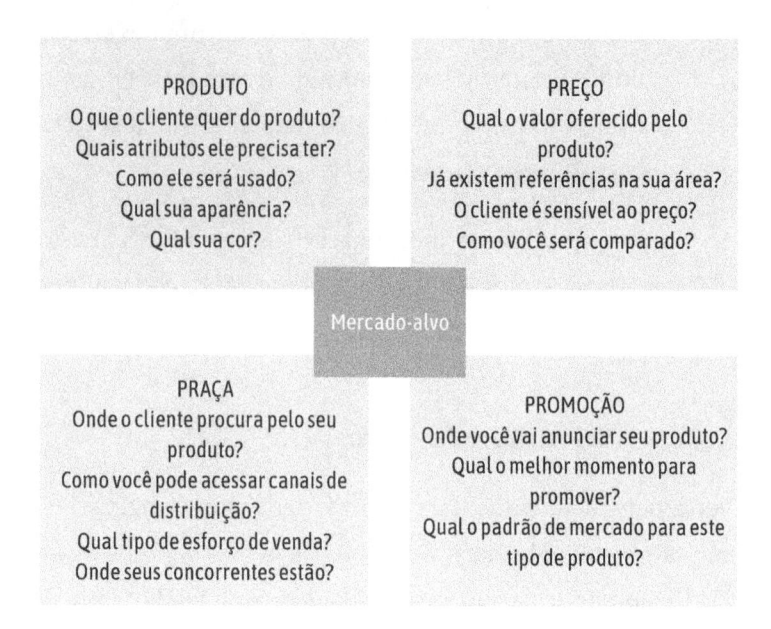

PRODUTO
O que o cliente quer do produto?
Quais atributos ele precisa ter?
Como ele será usado?
Qual sua aparência?
Qual sua cor?

PREÇO
Qual o valor oferecido pelo produto?
Já existem referências na sua área?
O cliente é sensível ao preço?
Como você será comparado?

Mercado-alvo

PRAÇA
Onde o cliente procura pelo seu produto?
Como você pode acessar canais de distribuição?
Qual tipo de esforço de venda?
Onde seus concorrentes estão?

PROMOÇÃO
Onde você vai anunciar seu produto?
Qual o melhor momento para promover?
Qual o padrão de mercado para este tipo de produto?

Fonte: Ghermandi, 2016.

Produto

O produto é o que a empresa tem para oferecer. No tópico anterior, descrevemos as diferenças entre produtos e serviços, as classificações do produto quanto à sua tangibilidade e durabilidade, além dos fatores de decisão de compra. Para desenvolver um produto que atenda às necessidades do mercado, é preciso entender mais do que as definições básicas abordadas. É necessário ir além e entender quais necessidades serão atendidas por um produto, o que abrirá uma perspectiva maior sobre as reais necessidades de um cliente.

Pensando em um exemplo prático, pense em um consumidor cuja necessidade seja o transporte de um local para outro. Sob essa ótica, todos os meios de transporte são concorrentes, certo? Se você atuar na indústria automobilística, correrá o risco de avaliar como concorrente apenas outros fabricantes de veículos que atuam no seu segmento, não é mesmo? Muito provavelmente sim, pois vivemos em um mercado que muda e evolui com uma frequência muito rápida, apresentando fenômenos recentes que resultam em novos *players* de mercado. Como exemplo, podemos citar o Uber como uma provável solução para o transporte de pessoas.

Nessa situação, o profissional de marketing da indústria automobilística precisa ir além da concorrência direta, analisando também as mudanças na sociedade e a importância que os veículos têm para novas gerações e, até mesmo, identificando as necessidades eventualmente não atendidas. Retomando o exemplo, podemos mencionar o caso dos motoristas de Uber. Se, por um lado, ter um carro pode ser cada vez mais considerado um desejo a ser satisfeito, por outro, pode ser uma oportunidade de conquistar compradores que vão utilizar o veículo como forma de sustento. As necessidades desse potencial comprador certamente são diferentes das de um consumidor que usa o carro somente para fins pessoais.

O mesmo pensamento vale para o segmento de alimentação. O segmento de alimentação fora de casa cresce constantemente e destaca-se como um importante concorrente do setor de supermercados, que reage oferecendo cada vez mais opções de alimentos prontos para consumo e, em muitos casos, garante até o espaço para consumo dentro da loja. Um exemplo muito fácil para ajudar a compreender o P de *produto* é a água. Ela atende a uma necessidade básica – saciar a sede –, e isso poderia transformá-la em um produto *commodity*. Entretanto, existem águas com inúmeros tipos de embalagens, tamanhos e preços, que visam atender mais do que a simples necessidade de matar a sede.

Preço

O preço tem ligação direta com a atribuição de valor, e todos os elementos do composto de marketing impactam para formar o preço e agregar valor.

Para estabelecer o preço de um produto, é necessário entender o tamanho da demanda pelo produto e a faixa de preço. Em uma experiência profissional[a] vivenciada na área de marketing de uma empresa têxtil nacional, atuando em conjunto com os profissionais de estilo e desenvolvimento de produto, observou-se que as coleções eram criadas também por meta de preço. Funcionava assim: a estilista recebia como meta o desenvolvimento de uma camisa que deveria custar, por exemplo, em torno de R$ 150,00, e o produto teria de ser desenvolvido considerando-se toda a cadeia, desde o tipo de camisa que o consumidor deseja comprar até a margem de lucro que deveria restar para a marca e o varejo.

Promoção

A promoção se refere a instrumentos direcionados para os consumidores, o comércio ou a força de vendas. Em síntese,

---

[a] Experiência vivida pela autora Samanta Puglia Dal Farra.

promoção é toda comunicação e venda ao público-alvo potencial (Kotler; Keller, 2012). Ela é composta por:

> Propaganda: comunica o conceito e o posicionamento da marca, informando sobre o produto; pode ativar a necessidade de compra.
> Relações públicas: cria ações institucionais que agregam ao produto sustentação de marca.
> *Trade marketing*: refere-se à definição do canal de mídia a ser utilizado, estabelecendo-se a melhor estratégia de comunicação para o público-alvo.

Em uma experiência vivida no grupo O Boticário[b], uma das principais empresas de cosméticos do mundo, observou-se que um dos maiores focos é nas promoções, pois a empresa entende que esse é um dos principais geradores de resultados.

Prova disso é que dentro da área de marketing da empresa existe um departamento com dedicação exclusiva a toda a comunicação direcionada ao público-alvo, responsável pelo desenvolvimento da comunicação, pelo repasse às franquias e pelo acompanhamento de como isso repercute no ponto de venda, analisando-se os resultados gerados.

Praça

A praça engloba todos os esforços utilizados para alocar um produto em um mercado ou em uma localização específica,

---

[b] Experiência vivida pela autora Cláudia Osna Geber.

sendo essa localização tanto física quanto de abrangência do mercado.

Dentro do P de *praça* está todo o processo de canal de distribuição, que se refere à logística pela qual o produto passa até seu destino final. De nada adianta identificar a necessidade de se vender água no deserto se não existe uma logística para tal. Sob essa ótica, os canais de distribuição devem ser analisados considerando-se cinco conceitos:

1. Fluxo físico: estoque e transporte da mercadoria.
2. Fluxo de propriedade: transação de compra e venda.
3. Fluxo de pagamento: remuneração da operação.
4. Fluxo de informação: troca de dados.
5. Fluxo de promoção: ações (da empresa e do distribuidor) para estimular a venda dos produtos.

1.4 Planejamento e previsão de vendas

Agora que apresentamos uma visão do que é a área de vendas e de como esta se divide, é importante destacarmos que as organizações atualmente enfrentam vários desafios comerciais. Do aumento das vendas ao aumento de produtividade, tais desafios afetam inadvertidamente o desempenho total e a última linha de uma organização. Logo, para que as empresas permaneçam competitivas, é importante planejar com antecedência e entender quais mudanças são necessárias para que se mantenham rentáveis.

Dessa forma, o planejamento de vendas, quando é realizado de forma sistemática e constante, tem grandes chances de ser um dos responsáveis pelo sucesso da empresa. Mas a que tal conceito se refere? Planejar significa definir uma linha de ação para alcançar um objetivo predefinido. Nesse sentido, de acordo com Chiavenato (2005, p. 91),

> Para poder vender seu produto/serviço e produzi-lo na quantidade adequada às necessidades do mercado, a empresa precisa prever antecipadamente as suas vendas, para planejar suas atividades de produção e de comercialização. A previsão de vendas é a base para o planejamento de toda a sua produção e comercialização. Saber qual a quantidade semanal, mensal ou anual de produtos/serviços a serem produzidos, e como tudo isto será vendido, é algo que depende da previsão de vendas.

Para a criação de um planejamento de vendas eficaz, as seguintes etapas são recomendadas:

› **Definição do objetivo**: nessa etapa, é fundamental definir um objetivo, ou seja, o resultado principal que a empresa busca atingir, sendo que tal objetivo deve contemplar, no mínimo, um objeto (o produto a ser vendido), a mensuração (vender o dobro) e o tempo (vender o dobro do produto X quando comparado ao produto Y no período de um mês).

> **Planejamento de ações**: após a definição dos objetivos, a etapa seguinte se refere às ações, que deverão ser selecionadas de acordo com: as normas e políticas da organização; os produtos da empresa, seus recursos e a equipe que compõe a empresa; o mercado em que a organização se situa; a concorrência e os fatores externos (por exemplo, a economia do país).

> **Compartilhamento**: o ideal é que, além do gestor da área de vendas, o vendedor também participe do planejamento, para que assim ele se envolva, entenda quais são as reais necessidades da empresa e realmente "vista a camisa".

Para que fique mais clara a diferença entre a etapa do planejamento de vendas e as demais etapas desenvolvidas área de vendas, analise a Figura 1.6, que apresenta tais etapas inseridas no contexto macro de vendas.

Figura 1.6 – **Etapas da área de vendas**

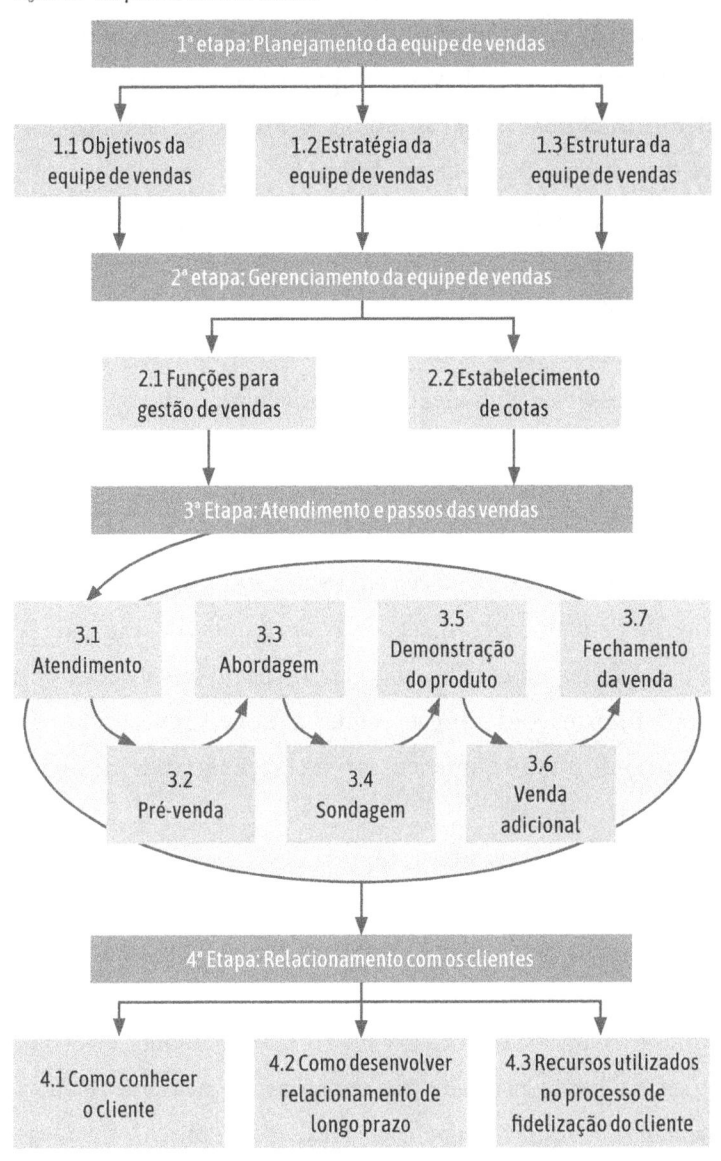

1ª etapa: Planejamento da equipe de vendas

- 1.1 Objetivos da equipe de vendas
- 1.2 Estratégia da equipe de vendas
- 1.3 Estrutura da equipe de vendas

2ª etapa: Gerenciamento da equipe de vendas

- 2.1 Funções para gestão de vendas
- 2.2 Estabelecimento de cotas

3ª Etapa: Atendimento e passos das vendas

- 3.1 Atendimento
- 3.2 Pré-venda
- 3.3 Abordagem
- 3.4 Sondagem
- 3.5 Demonstração do produto
- 3.6 Venda adicional
- 3.7 Fechamento da venda

4ª Etapa: Relacionamento com os clientes

- 4.1 Como conhecer o cliente
- 4.2 Como desenvolver relacionamento de longo prazo
- 4.3 Recursos utilizados no processo de fidelização do cliente

Fonte: Carvalhais; Patto, 2007, p. 13.

Todos os pontos do planejamento serão abordados em diferentes capítulos deste livro, mas, neste tópico, elucidaremos o tema da previsão de vendas, que se refere ao processo de determinar quais serão as vendas futuras, um elemento-chave de qualquer plano de negócios.

Uma previsão de vendas correta é vital para qualquer empresa, já que todos os departamentos de uma organização a utilizam para determinar planos de ação e recursos como investimento, pessoal ou capacidade de produção, os quais são necessários para alcançar objetivos individuais.

Empresas já estabelecidas no mercado podem se basear em números de anos anteriores para estimar as vendas. Assim, elas terão de levar em consideração as expectativas de crescimento das vendas. No entanto, para os novos proprietários de pequenas organizações, o uso da previsão de vendas exige estudar o mercado, compilar um perfil de consumidor e obter informações sobre as vendas da concorrência, a fim de reunir informações suficientes para fazer algumas projeções de vendas simples.

Sempre que possível, a empresa deve basear a previsão em seu histórico, que virá de seus resumos contábeis por linha de vendas. Isso minimiza bastante a parte de "adivinhação" do processo, mostrando exatamente o que a corporação alcançou em relação a resultados por clientes, unidades e vendas.

Com base nas tendências encontradas mês a mês e ano a ano, é aconselhável repensar estratégias e táticas. Quantos novos clientes podem ser atraídos e com qual frequência eles comprarão? Quantas unidades a mais poderão ser vendidas? Quais serão a estratégia de preços e o impacto nos investimentos?

Para o cálculo da previsão de vendas, destacamos quatro fatores principais, de acordo com Chiavenato (2005):

1. informações sobre vendas passadas, por entender que elas refletem a experiência da empresa;
2. informações sobre tendências de mercado, que podem ser obtidas pela análise e pela pesquisa de mercado;
3. capacidade de produção da empresa, que se refere à capacidade de a empresa produzir produtos e serviços, informação fundamental para o cálculo da previsão de vendas;
4. capacidade de venda da empresa, que diz respeito às condições da empresa em distribuir e vender.

Os gestores de vendas usam previsões para fazer planos de vendas, criar cotas e fazer melhores estimativas de vendas futuras. No entanto, uma previsão é tão boa quanto são a precisão e a integridade dos dados usados para criá-la. Sem isso, as organizações de vendas poderão superar ou subestimar seu verdadeiro desempenho, o que inevitavelmente afetará o planejamento futuro.

Outro ponto importante: antes de definir o orçamento, é fundamental realizar a previsão em vários cenários e considerar todos os possíveis "e se", envolvendo tanto o pior como o melhor cenário, para, assim, atribuir um orçamento a cada um desses cenários.

Na previsão de vendas, deve ser observado o conceito de projeção de vendas, já que, durante o ano de vendas, previsões e variações orçamentárias são esperadas. Por isso, é importante desenvolver planos de contingência para gerenciar eventuais imprevistos em um determinado ano.

Mas quais são as etapas da projeção de vendas? Existem cinco principais:

1. **Análise do cenário macroeconômico**: essa análise deve ser feita avaliando-se o panorama da economia mundial e do país e o cenário específico em que a empresa está inserida.
2. **Análise do potencial do mercado**: é importante fazer uma estimativa realista do tamanho de mercado, para que, com base nessa informação, seja possível estimar a fatia de mercado que a empresa pretende atingir.
3. **Análise do histórico de vendas da empresa**: a menos que a organização esteja iniciando, é importante saber como as vendas se comportaram no passado.
4. **Conversão dos dados do passado em um planejamento de vendas.**
5. **Interpretação das projeções financeiras.**

Para a criação do planejamento e da previsão de um modelo de vendas, destacamos, por fim, as necessidades de:

> estabelecer uma previsão de consenso entre as áreas de vendas, finanças, marketing e operações;
> entender a rentabilidade do cliente e do produto como partes do processo de planejamento de vendas;
> sincronizar uma previsão de vendas revisada com o P&L (*profits and losses* – em português, "planilha de gastos e lucros") corporativo.

1.5 Metas

Para Luiza Trajano, CEO do Magazine Luiza, para o sucesso de uma empresa, é fundamental que todos os funcionários, inclusive diretores, tenham metas de vendas, já que isso é uma questão de foco e demonstra valorização pela área de vendas (Gallo, 2010).

Sob essa ótica, uma meta é, basicamente, um indicador do resultado que se espera alcançar e pode se referir à empresa, a uma equipe ou a um indivíduo, como ilustrado pelos exemplos expostos nos Gráficos 1.1 e 1.2.

Gráfico 1.1 – *Percentual de vendedores que atingiram uma meta em 2016*

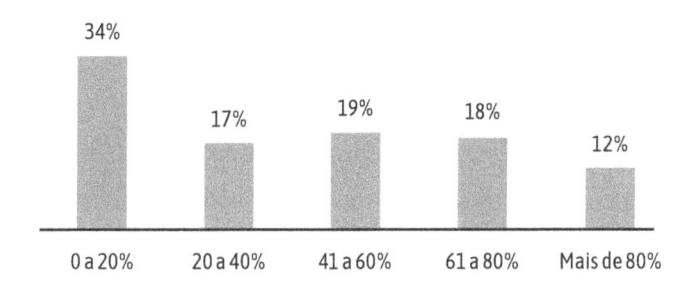

Na média, qual o percentual dos seus vendedores atingiu a meta de 2016?

Faixa	Percentual
0 a 20%	34%
20 a 40%	17%
41 a 60%	19%
61 a 80%	18%
Mais de 80%	12%

Fonte: Quezado, 2018.

Gráfico 1.2 – **Metas no período de 2016**

Nos meses de 2016, em quantos deles sua empresa atingiu a meta de vendas?

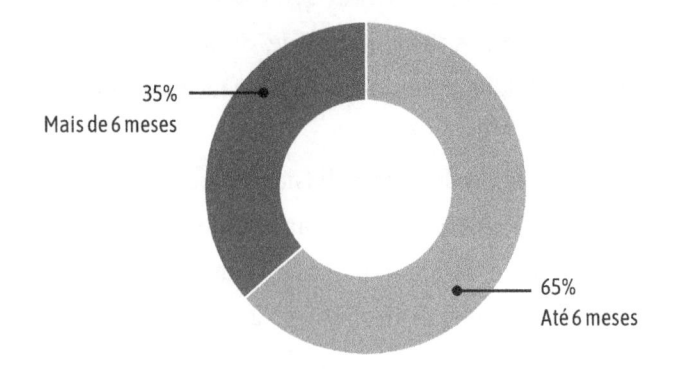

35%
Mais de 6 meses

65%
Até 6 meses

Fonte: Quezado, 2018.

As metas são consideradas benéficas tanto para a organização quanto para a equipe de vendas, pois, enquanto ajudam a equipe de vendas na motivação, facilitam o gerenciamento do tempo e também a manutenção do foco, bem como auxiliam os gestores no acompanhamento gerencial do desempenho individual de cada um da equipe e também em seu rendimento total. É importante destacar que as metas devem ser acompanhadas de perto pelo gestor, para não acabarem se tornando um fator de desmotivação da equipe de vendas. Para a criação eficaz de metas, eis algumas sugestões (Both, 2016):

- as metas precisam ser, ao mesmo tempo, ousadas e passíveis de serem alcançadas;
- a equipe de vendas deve participar da criação das metas, para se engajar mais;
- recomenda-se oferecer, além das metas, um plano de incentivo pra a equipe;
- no caso de metas individuais, elas devem ter neutralidade e não privilegiar nenhum funcionário em detrimento de outro;
- as metas devem ser acompanhadas e estar sujeitas a ajustes;
- é fundamental que as metas tenham prazos factíveis;
- a mensuração das metas deve ir além do critério básico de volume de vendas, incluindo outros fatores que possam ser tangibilizados;
- no momento de criar as metas, devem ser considerados os cenários econômicos e políticos, além de outros fatores que influenciem no resultado da empresa.
- todo o processo de criação e gerenciamento de metas deve ser devidamente documentado e registrado;
- é ideal o uso de um sistema que permita o acompanhamento e o gerenciamento das metas estabelecidas.

As metas nas empresas podem ser tanto quantitativas (por exemplo, percentual de *market share*, ou participação no mercado) quanto qualitativas (por exemplo, como refletir uma imagem de ser a melhor empresa para os clientes) e tendem a ser anuais e a conduzir as empresas para os caminhos desejados de acordo com as estratégias.

Assim, essa meta de vendas pode servir como ferramenta de verificação da eficiência da equipe de vendas, além de estimular a equipe e de auxiliar no cálculo da remuneração dos vendedores (Chiavenato, 2005).

1.5.1 Acompanhamento das metas

Definido o que são as metas, surge a seguinte pergunta: Como deve ser feito o acompanhamento de tais metas? Uma grande empresa administradora de *shopping centers* do Brasil, na qual uma das autoras[c] desta obra atuou como gerente de marketing por alguns anos, é um claro exemplo de trabalho por metas, não apenas para a equipe de vendas, mas para todos os membros. Assim, cada funcionário recebe, no início do ano, um farol de metas, no estilo do exposto na Tabela 1.1:

---

c   Trata-se de Cláudia Osna Geber.

Tabela 1.1 – Farol de metas

Cargo: Gerente de marketing							Nome: Nome do funcionário				
Meta ano			Resultado do mês				Resultado acumulado				Pontos
Indicador	Meta	Peso	Meta	Real	Farol	Δ%	Meta	Real	Farol	Δ%	
NOI Caixa 2016 (R$MM)	8232224,3	20	592586	569027		96,0%	6.128.581	6.123.575		99,9%	72,0
Receita de Mall e Mídia + Patrocínio / Parcerias em campanhas (*)	1.251.634	30	116.163	65.196		56,1%	793.216	670.596		84,5%	25,4
Crescimento de venda	2,0%	20	2,00%	5%		255,0%	2,00%	-2%		-75,0%	-
Fluxo de veículos	3,0%	20	3,00%	13,13%		437,7%	3,00%	2,50%		83,3%	16,7
Adequar Programa de Fidelidade	100%	10	100%	80%		80,0%	100%	100%		100,0%	10,0

Como você pode ver nesse farol de metas, ele apresenta o projeto macro, a meta e o peso desta, ou seja, quanto ela representa no farol total do funcionário. No final, faz-se uma conta de quantos pontos são resultado do atingimento dessa meta.

Ao fim do ano, avalia-se o alcance das metas e, quando o resultado esperado é atingido, os funcionários ganham bônus, sendo que é possível, inclusive, ter as metas superadas.

Essas metas são estabelecidas pela diretoria em reuniões estratégicas em que são definidas, antes das metas de cada funcionário, as metas gerais da empresa. Assim, elas vão sendo escalonadas entre todos os funcionários, desde os diretores até os assistentes.

1.5.2 Como alcançar as metas

Para auxiliar no alcance das metas, a empresa administradora de *shoppings* realiza reuniões mensais com todos os funcionários, nas quais o farol de metas é apresentado, contendo o *status* de cada meta e os planos de ação para o alcance destas. Para tal, os formatos mais comuns utilizados pelo mercado são o ciclo PDCA e o diagrama de Ishikawa:

> **Ciclo PDCA**: formado pelas etapas **planejar, fazer, conferir** e **agir**. O ciclo PDCA (Figura 1.7) é considerado uma ferramenta bastante eficaz para o controle de processos que, em geral, envolvem problemas. É composto pelas seguintes fases:
>> *Plan* (planejar): avaliar e definir o processo que precisa ser alterado e o resultado esperado dessa alteração.

> *Do* (fazer): efetivamente implementar o plano da etapa anterior e acompanhá-lo.
> *Check* (conferir): verificar e analisar os resultados alcançados previamente com as etapas anteriores.
> *Act* (agir): implementar o novo processo como oficial.

Figura 1.7 – Ciclo PDCA

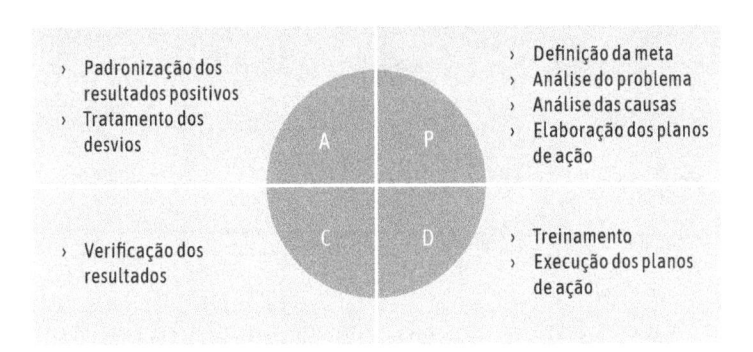

- Padronização dos resultados positivos
- Tratamento dos desvios

- Definição da meta
- Análise do problema
- Análise das causas
- Elaboração dos planos de ação

- Verificação dos resultados

- Treinamento
- Execução dos planos de ação

Fonte: TCEPR, 2019.

> **Diagrama de Ishikawa**: chamado também de *diagrama de causa e efeito* ou *diagrama de espinha de peixe*, é utilizado, em geral, para acompanhamento, gerenciamento, controle e avaliação de diferentes processos. Criado em 1943 por Kaoru Ishikawa, essa ferramenta (Figura 1.8) é considerada bastante eficaz nas ações de melhoria e controle de qualidade, mas também é empregado em diversas outras áreas, como marketing e vendas, por permitir agrupar e enxergar com clareza as causas que originam os problemas e os resultados que se pretende alcançar.

Figura 1.8 – **Diagrama de Ishikawa**

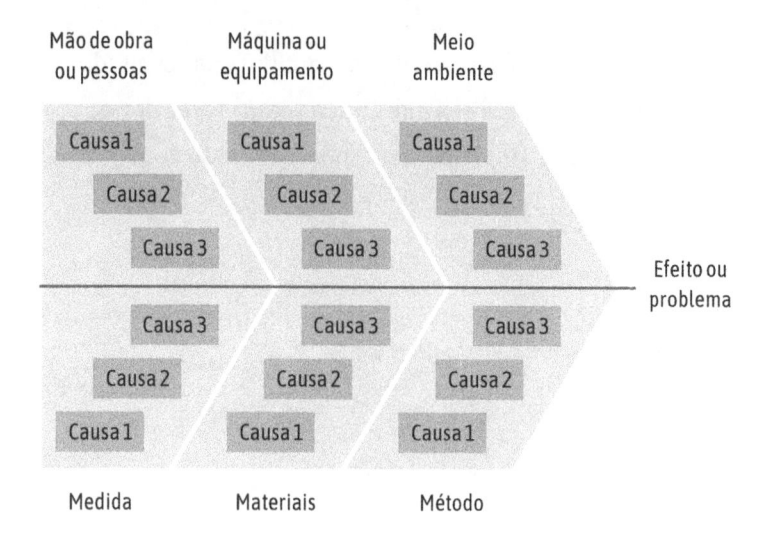

```
Mão de obra        Máquina ou         Meio
ou pessoas         equipamento        ambiente

    Causa 1            Causa 1            Causa 1
       Causa 2            Causa 2            Causa 2
          Causa 3            Causa 3            Causa 3
                                                        Efeito ou
                                                        problema
          Causa 3            Causa 3            Causa 3
       Causa 2            Causa 2            Causa 2
    Causa 1            Causa 1            Causa 1

Medida             Materiais          Método
```

Outras ferramentas bastante comuns de gestão e acompanhamento de metas são as seguintes:

> **Método Masp**: também tem como objetivo a solução de problemas, por meio da organização e orientação relativas à percepção de todas as situações envolvidas no problema.
> **Coleta de dados**: trata-se da obtenção de dados para, com base neles, ter embasamento para a tomada de decisão.
> **Fluxograma**: consiste no registro do fluxo da produção de um produto ou da prestação de um serviço na busca por identificar opções de melhorias.

Esse é apenas um exemplo de uma empresa que utiliza metas como ferramentas de gestão. Enquanto para alguns essa prática não é bem vista, ela continua sendo um padrão na maioria das áreas de vendas de empresas de médio e grande porte. Além de estabelecer metas e de auxiliar em seu alcance, é indicado que a equipe de vendas – principalmente o gestor da área – utilize instrumentos para verificar se os objetivos estratégicos da organização estão sendo alcançados.

1.6 Controle

Alguns empreendedores têm a ideia de acompanhar todos os números gerados pela empresa, como se fosse uma obsessão, o que não apenas é desnecessário, como também é contraindicado. Essa não recomendação se deve ao fato de que muitas vezes dispor de um alto número de indicadores pode ser bastante confuso. Por isso, recomendamos a atenção a poucos indicadores, mas essenciais, como os KPIs.

O *key performance indicator* (KPI), ou indicador-chave de *performance*, refere-se à métrica utilizada para acompanhar o desempenho das empresas, sendo que cada empresa define seu KPI considerando sua estratégia e seus objetivos.

Alguns exemplos de KPIs para a área de vendas são os seguintes:

› **Número de *leads* gerados**: o conceito de *lead* é bastante comum na área de vendas e representa os potenciais clientes. Essa métrica é um bom indicador, pois avalia se as ações em busca de *prospects* estão gerando resultados, e esse controle pode ser feito por meio de dados dos potenciais clientes.

› **Número de *leads* qualificados**: além de controlar os *leads*, é importante aprofundar esse controle para os *leads* qualificados, ou seja, prover todas as informações para que os *leads* da etapa anterior se tornem compradores. Esse controle pode ser feito, por exemplo, monitorando-se o envio de orçamentos feito pela equipe de vendas.

› **Taxa de conversão**: esse indicador é um dos mais comuns e importantes e avalia quantas oportunidades entre as que foram geradas se converteram, de fato, em vendas. A fórmula mais comum para esse cálculo é dividir o número de pedidos realizados pelo número de pedidos gerados.

› **Ticket médio**: esse indicador está bastante ligado ao faturamento da empresa, pois demonstra o gasto médio dos consumidores por período. A fórmula mais comum para esse cálculo é dividir o faturamento da empresa pelo número de pedidos realizados.

› **Custo de aquisição por cliente (CAC)**: refere-se ao investimento realizado para que o consumidor se torne cliente. Essa métrica avalia todo tipo de investimento feito, inclusive com ações de marketing, dividindo-se a soma desses valores pelo número total de novos clientes.

› **Número de negócios fechados**: é uma importante métrica que mostra "o óbvio": quantas vendas foram fechadas.

› **Ciclo de venda**: é o tempo necessário para que a compra seja efetivada desde o contato inicial.

Esses são alguns dos KPIs mais comuns utilizados pelas empresas, uma vez que, como destacamos no início desta seção, o uso de muitas métricas tende mais a confundir do que a auxiliar na gestão.

Após a definição dos KPIs, com base na estratégia e nos objetivos do negócio, a etapa seguinte consiste em definir quais ferramentas macro serão utilizadas para o acompanhamento dos KPIs. Entre elas, destacamos:

> **Resultados internos (volume e valor de vendas)**: uma das grandes dificuldades das empresas diz respeito à capacidade de medir o resultado em relação ao mercado, já que de nada adianta ter um número se não se sabe se ele é relevante e significativo. Existem algumas empresas de pesquisa e associações de classe que medem os segmentos; em geral, organizações multinacionais e nacionais de grande porte utilizam dados de empresas de pesquisa, como Nielsen, Kantar e GFK, porém, apesar de eficientes, essas informações costumam ser caras. Uma alternativa para empresas de pequeno porte é acompanhar de perto as associações de classe e os eventos do setor, para buscar o máximo de informações sobre as movimentações do setor, na intenção de acompanhar o desempenho do mercado.

> **Resultados de mercado (*market share*)**: em português, a expressão *market share* significa "participação de mercado", conforme explicado anteriormente. O *market share* reflete claramente as movimentações de mercado. Mesmo uma empresa com resultados aparentemente ruins pode ter uma grata surpresa ao descobrir que ganhou participação de mercado. Trata-se de um balizador importante, mas que não deve ser avaliado isoladamente, pois a busca específica pelo *market share* pode esconder riscos, como a perda de margens.

> **Resultados em relação ao consumidor (pela sua satisfação, pela lembrança do produto ou da marca na mente do consumidor e pela lealdade do cliente à marca)**: trata-se de outra referência

bastante relevante, considerando-se a nova economia e o aumento da transparência de informações. Assim, *sites* como Reclame Aqui e TripAdvisor (página de avaliações de hotéis e restaurantes) e mesmo *reviews* disponíveis nos *sites* de compras representam, muitas vezes, o principal fator de decisão de compra. Para lojas que atuam em *marketplace*, a avaliação dos consumidores é um dos fatores que determinam o destaque da loja. Logo, uma nota baixa nessa avaliação pode até mesmo tirar a loja do ar. Por isso, antes de investir em marketing ou em visibilidade nas redes sociais, é muito importante que a empresa tenha estrutura para atender aos comentários e às reclamações adequadamente, ou o resultado poderá ser catastrófico. Podemos afirmar, até mesmo, que o pós-vendas em muitos casos já assumiu o papel de pré-vendas.

Em entrevista para este livro, Bruno Zanetti, diretor de KA (*key account*) da multinacional Ferrero Rocher, explica como funciona a definição e o controle das metas com sua equipe:

> Trabalho com um modelo de longo e outro de curto prazo. Temos um plano macro desenhado para cinco anos, no qual definimos os principais projetos e as metas de acordo com pesquisas de mercado e tendências do setor em que atuamos. Além disso, no curto prazo, desenhamos um modelo de planejamento anual, com metas definidas de forma clara e objetivos desde o primeiro dia do ano. Essas metas são estipulas em três blocos: 1) resultados financeiros e participação de mercado; 2) projetos especiais; 3) desenvolvimento de pessoas. Para fazer o acompanhamento

das metas, temos uma rotina estipulada por dia, semana, mês, trimestre e ano, pela qual acompanhamos os KPIs definidos no início do ano. (Zanetti, 2018)

Tendo em vista o incremento das vendas, os indicadores listados permitem concentrar os esforços nas técnicas com melhores resultados, aumentando a eficiência de toda a equipe. Dessa forma, a empresa cresce e torna-se referência no mercado, e os profissionais alcançam o tão sonhado sucesso.

1.7 Estratégia para gestão de vendas

A estratégia da empresa pode ser entendida como o caminho a ser percorrido para alcançar a rota que ela está buscando ou a forma como a organização investe recursos para atingir esse fim. Geralmente desenvolvida pelos profissionais que estão à frente da gestão das empresas, a estratégia auxilia na sobrevivência perante as oscilações do mercado, por meio da organização, do controle e da inovação, elementos que guiarão a corporação, reforçando seus pontos fortes e minimizando suas fraquezas.

1.7.1 Criação de valor

Uma das formas de uma empresa criar uma estratégia eficaz e, com isso, diferenciar-se da concorrência é por meio da criação de valor. Sob essa ótica, estudiosos estão reconhecendo cada vez mais que a venda e a criação de valor se desdobram ao longo do tempo em sistemas complexos que envolvem muitos atores.

Assim, diz-se que o valor emerge ao longo do tempo e que as proposições de valor são mutuamente definidas e dependem "da qualidade não apenas dos recursos e processos do fornecedor, mas também dos recursos e processos do cliente, bem como do processo de integração de recursos" (MacDonald; Kleinaltenkamp; Wilson, 2016, p. 97, tradução nossa).

Para a abordagem da temática de valor e, consequentemente, de preço e de percepção, é fundamental entender o conceito de preço, um dos 4Ps abordados neste capítulo.

De forma bem resumida, preço se refere à quantidade de dinheiro utilizada para a compra de um produto ou serviço. Em geral, é calculado pelas áreas financeiras e contábeis das empresas. Contudo, o vendedor, com o devido conhecimento do mercado e da concorrência, pode ajudar no cálculo do preço.

Nas palavras de Chiavenato (2005, p. 4), o preço "é um conceito que expressa a relação de troca de um bem por outro. Em termos mais práticos, representa a proporção de dinheiro que se dá em troca de determinada mercadoria. Na verdade, preço constitui a expressão monetária do valor de um bem ou serviço".

Além do cálculo, é essencial estabelecer uma comparação com a concorrência para o sucesso de um produto, pois, se este está com um valor muito superior ao da concorrência, é provável que o consumidor opte por comprar o do concorrente; por outro lado, se está muito abaixo, possivelmente a empresa estará deixando de obter lucro.

Já a percepção do cliente em relação ao preço, conceito mais abordado pelo marketing, porém fundamental para a área de vendas, diz respeito à diferença entre o valor total esperado e o custo total do consumidor, conforme pode ser visto na Figura 1.9.

Figura 1.9 – *Percepção do cliente*

"É caro"	"É barato"	"É justo"
Está tendo a percepção de que o produto ou serviço custa mais do que vale.	Está tendo a percepção de que o produto ou serviço vale mais do que custa.	Tem a percepção de que o produto ou serviço vale exatamente o que custa.
(Preço > Valor)	(Valor > Preço)	(Preço = Valor)

Fonte: Leal, 2019.

Mas o que isso significa? Imagine que você comprou um tênis recém-lançado com a promessa de ser o melhor modelo para corridas e, por isso, seu preço estava caro: R$ 800,00. Assim que você realizou a compra, ansioso, já partiu para uma pista de corrida a fim de estrear o novo calçado. É aí que entra a percepção de valor. Se você realizou a melhor corrida de sua vida, o tênis superou suas expectativas, e sua percepção sobre o valor do produto será positiva. No entanto, se o tênis incomodou e não atendeu ao que você esperava, a percepção de valor será a de que o preço foi muito alto. Dessa forma, fica mais claro que a soma dos esforços utilizados na compra representa o preço, e a soma dos benefícios recebidos representa o valor, certo? Na Figura 1.10, apresentamos um exemplo dessa relação.

Figura 1.10 – **Valor para o cliente**

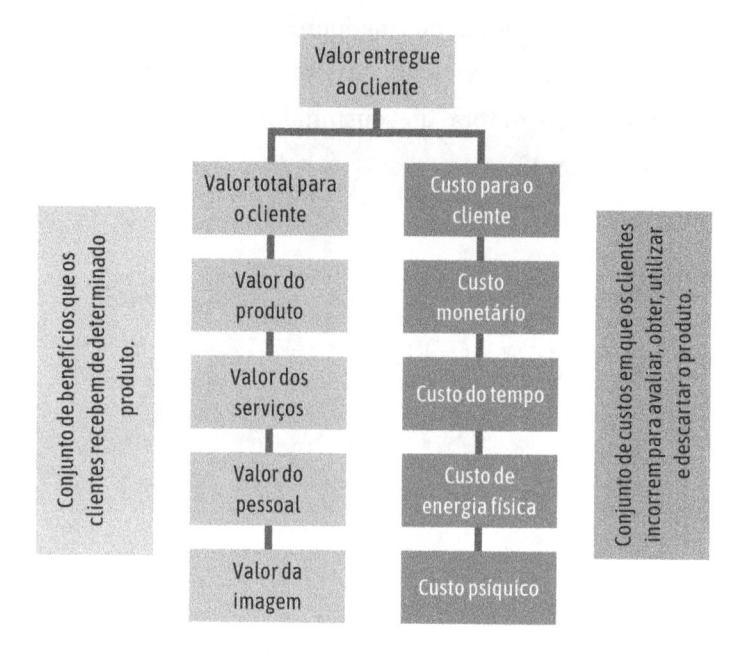

```
                    ┌─────────────────┐
                    │ Valor entregue  │
                    │   ao cliente    │
                    └────────┬────────┘
              ┌──────────────┴──────────────┐
     ┌────────┴────────┐          ┌─────────┴───────┐
     │ Valor total para│          │   Custo para o  │
     │     o cliente   │          │     cliente     │
     └────────┬────────┘          └─────────┬───────┘
              │                             │
     ┌────────┴────────┐          ┌─────────┴───────┐
     │    Valor do     │          │      Custo      │
     │    produto      │          │    monetário    │
     └────────┬────────┘          └─────────┬───────┘
              │                             │
     ┌────────┴────────┐          ┌─────────┴───────┐
     │   Valor dos     │          │  Custo do tempo │
     │    serviços     │          │                 │
     └────────┬────────┘          └─────────┬───────┘
              │                             │
     ┌────────┴────────┐          ┌─────────┴───────┐
     │    Valor do     │          │    Custo de     │
     │     pessoal     │          │ energia física  │
     └────────┬────────┘          └─────────┬───────┘
              │                             │
     ┌────────┴────────┐          ┌─────────┴───────┐
     │    Valor da     │          │  Custo psíquico │
     │     imagem      │          │                 │
     └─────────────────┘          └─────────────────┘
```

À esquerda: Conjunto de benefícios que os clientes recebem de determinado produto.

À direita: Conjunto de custos em que os clientes incorrem para avaliar, obter, utilizar e descartar o produto.

Fonte: Elaborado com base em Kotler; Keller, 2006.

É importante reforçar que dois bens podem ser vendidos pelo mesmo preço, mas ter valores diferentes. Por exemplo, dois carros podem ser avaliados, segundo critérios técnicos, com o mesmo preço de venda, mas, em face dos clientes interessados na compra, podem apresentar valores totalmente diferentes.

Sob essa ótica, você deve estar se perguntando: No contexto de preço e valor percebido, o que isso tem a ver com vendas? A resposta é: tudo!

Uma das principais responsabilidades da equipe de vendas, conforme será destacado nesta obra, é o completo conhecimento do produto, e isso envolve, inclusive, o preço. Nesse sentido, é o vendedor que deve saber os detalhes do preço do produto, fazer o comparativo com a concorrência e, acima de tudo, ter argumentos para explicar ao cliente os motivos que fazem determinado preço ser justo e qual é o diferencial do próprio atendimento, agregando, assim, valor ao produto e à marca. Dessa forma, o cliente enxerga o valor percebido e decide adquirir o produto.

Trabalhando dessa forma, o vendedor deixa claro ao cliente que não se trata simplesmente de uma compra, e sim de um investimento em uma marca, em um conceito. Com isso, além de concretizar a compra, ele cria conexão com os consumidores, sem a necessidade de alterar o preço (e reduzir a margem da empresa), e cria um relacionamento com o cliente.

No mundo atual, que diariamente nos apresenta uma infinita quantidade de opções, marcas novas surgindo a todo momento e acesso facilitado a pesquisas de preço em tempo real graças à internet, torna-se cada vez mais difícil competir por preço. E quem trabalha com vendas certamente é desafiado o tempo todo a demonstrar valor, não é mesmo?

Criar valor é a essência de um negócio. Contudo, por vezes, perde-se de vista o valor que realmente um produto/serviço tem. Ele é transformado em um conceito abstrato – uma espécie de discurso de negócios – e, quando isso ocorre, perde-se o senso tangível do que realmente significa criar valor nos negócios, porque é somente agregando valor que se consegue fugir da guerra de preços e diferenciar-se da concorrência.

Por exemplo, pense em um produto que custa usualmente R$ 4,99 e está em promoção por R$ 3,99 em uma loja distante de sua residência. Você fica sabendo da oferta e a considera interessante, mas utiliza no máximo quatro unidades desse produto por mês. Assim, sua economia seria de

R$ 4,00. Então, você faz uma conta automática tomando por base o tempo que perderia para ir até outra loja e o custo da gasolina e acaba decidindo que é melhor pagar mais caro e comprar o produto no mercado ao lado de sua casa. Por fim, você diz a si mesmo: "Meu tempo vale mais!"

Esse é um exemplo muito simples, mas que nos ajuda a refletir sobre o conceito de valor, que é muito mais do que preço! Afinal de contas, tomando o exemplo indicado, o que você comprou? A conveniência, e não somente o produto.

A verdade é que o valor é algo bastante real e concreto. Se você quiser entender como criar valor em seu negócio, pense em oferecer serviço. Todos os produtos de valor real estão integrados com formas específicas de atender os clientes. E é por meio desse serviço que o valor é criado.

Na reunião de vendas, sempre surgem as mesmas conversas: "as vendas estão difíceis porque a concorrência está queimando preços"; "temos de ser mais competitivos", e assim por diante. Mas como fica a rentabilidade? Sob essa ótica, observe a Figura 1.11, que ilustra melhor essa questão de valor e custo.

Figura 1.11 – Modelo de valor

- Valor do produto
- Valor dos serviços
- Valor do funcionário
- Valor da imagem

→ Valor total para o consumidor

- Custo monetário (preço)
- Custo de tempo
- Custo de energia física
- Custo de energia psíquica

→ Custo total do consumidor

→ Valor entregue ao consumidor

Fonte: Kotler, 1998, citados por Souza, 2019.

Não há como falarmos em valor e não pensarmos nas campanhas que mostram pessoas felizes e que deixam claro que essa felicidade está atrelada à compra de um bem ou à contratação de um serviço, não é mesmo?

Pare por um momento e pense em algo que você possui, que você realmente valoriza. Pode ser aquela roupa que lhe veste bem, a satisfação que você obtém com seu iPad ou a alegria que você sente ao ligar seu carro todos os dias na hora de trabalhar. Não importa o que é, apenas pense em algo que você realmente lamentaria se perdesse. Sem isso, haveria um pequeno buraco em sua vida. Nada seria comparável à perda de um amigo ou de um grande um amor, é claro, mas, ainda assim, você sentiria essa ausência. Agora, em apenas algumas palavras, reflita sobre aquilo de que você mais sentiria falta em relação a isso.

Imagine, então, como seria se você fosse dono de uma empresa e descobrisse que há alguém que se sente dessa maneira em relação a um produto ou a um serviço que você oferece? Como seria se existissem várias pessoas se sentindo assim? Provavelmente, você se sentiria fantástico, não é mesmo?

Estamos falando de cumprir uma missão muito especial e específica – uma missão que é 100% revertida em serviço para o cliente. Na realidade, você poderia chamá-la de *missão do cliente*, porque isso descreve o que ela seria.

A verdade pura e simples é que as organizações que sabem como servir seus clientes são empresas que sabem como gerar valor real em seus mercados. É realmente muito simples.

Evidentemente, há muito mais fatores importantes para gerenciar um negócio do que apenas servir o cliente. Se você tirar os olhos dos custos, você gastará os recursos de forma insustentável e, se você formar seu preço de forma errada, não conseguirá recompensar adequadamente o valor que criou. O fato é que servir os clientes deve ser a essência do trabalho de um vendedor.

Comece a prestar atenção aos produtos e serviços que fazem parte de sua vida de uma nova maneira. Cada um deles tem aquele "algo mais" embutido, que diz respeito à essência de como tais produtos/serviços atendem às suas necessidades e expectativas. Você pode pensar nisso como o principal valor do produto, isto é, como a missão dele. Nesse sentido, há muitas maneiras de reconhecer a quintessência de um produto. Uma boa forma, aliás, consiste em realizar o exercício que você acabou de fazer, imaginando como sua vida mudaria sem esse produto/serviço.

Assim, criar o hábito de ver por meio de um produto para perceber o valor incorporado nele é realmente algo divertido de se fazer e certamente o ajudará a tomar as decisões certas sobre seus próprios produtos e serviços, considerando a maneira como eles se conectam com os clientes. Lembre-se: embora possa ser difícil, você sabe que é possível criar um produto com valor agregado. Você já experimentou isso em sua própria vida, certo?

Portanto, o valor não é um conceito vago – para ter valor, basta ser útil. Assim, o valor é o potencial para servir. Quando se criam produtos com base no propósito de atender às necessidades do cliente, cria-se valor. É realmente muito simples. E, a partir disso, o sucesso é mera consequência.

1.7.2 Localização do negócio

A localização do negócio, também conhecida como *praça* – um dos Ps detalhados neste capítulo –, é um grande diferencial estratégico da gestão de vendas. É tão importante para o sucesso de um negócio que, recentemente, os autores Carlos Alberto Dias e Roberto Garcia de Oliveira lançaram um livro somente para abordar esse assunto.

Para saber mais

DIAS, C. A.; OLIVEIRA, R. G. de. **Localização do ponto de venda**: o marketing em boa companhia. São Paulo: Laços, 2013.

Nesse livro, os autores defendem que, para conseguir "bater de frente" com a concorrência, é fundamental crescer de forma sustentável, o que significa um crescimento ancorado em diferentes estratégias, entre elas a localização, de modo que esse crescimento seja perene e constante e não se resuma apenas a um resultado de uma ação específica ou de algo pontual.

Em razão de sua grande importância, no momento de iniciar um negócio, a escolha do ponto de venda é considerada uma das decisões mais importantes e, muitas vezes, a mais difícil. A localização é relevante para todo negócio, porém é ainda mais fundamental se a empresa depender de fluxo de clientes, como uma loja ou um *shopping center*.

Aliás, no segmento de *shopping centers*, uma "brincadeira" comumente feita entre os varejistas consiste em questionar: Quais são os três fatores mais importantes para a decisão de compra do consumidor no varejo? A resposta é localização, localização e localização, de tão importante que é esse fator no contexto de varejo.

Sob essa ótica, os principais aspectos considerados pelos especialistas na área de vendas são os seguintes:

› **Público-alvo**: a localização escolhida deve ter como foco atender ao público-alvo. Por isso, antes dessa escolha, é fundamental entender quem é o público-alvo, sua classe social, onde mora etc., para definir um local em que ele esteja.

> **Locais fáceis de chegar**: é importante escolher locais que sejam de fácil acesso (cabe avaliar, por exemplo, se o consumidor consegue ir andando até o local ou se é necessário ter carro) e que tenham boa visibilidade, o que geralmente já reflete em um local de boa circulação.

> **Concorrência**: depois de analisar se o local atende ao público-alvo desejado e se é de fácil chegada, é fundamental analisar se existem concorrentes na região, o quanto eles impactarão o negócio e, ainda, se há espaço para "mais um". No caso de não haver concorrentes, também é fundamental avaliar se esse fato pode representar uma excelente oportunidade ou se existe algum motivo para você estar "sozinho".

> **Estudo**: após a realização de todas as análises recém-citadas, a recomendação é realizar um estudo aprofundado da região, incluindo pesquisas sobre o tráfego da rua, locais disponíveis para locação ou compra e conversas com moradores e comerciantes.

Essas são as etapas básicas recomendadas, porém são indicados diversos outros quesitos além destes. Carvalhais e Patto (2007), por exemplo, mencionam os seguintes:

> avaliar as condições de aluguel e compra, como valores e prazos;

> verificar se o preço é compatível com o investimento desejado;

> verificar as condições de segurança e higiene do local;

> verificar as condições logísticas do local para a entrega de mercadorias e o recrutamento de mão de obra;
> evitar locais com sensação de insegurança;
> checar se existe legislação específica para a abertura de comércios na localização desejada.

Destacamos, também, a importância de analisar a concorrência, pois tanto a presença quanto a ausência da concorrência são fatores relevantes e que devem ser considerados. Certas coisas se tornam mais fáceis quando já existe um competidor, pois ele já fez boa parte do trabalho escolhendo a melhor localização. Assim, ao abrir uma nova loja, o comerciante se beneficia do marketing já estabelecido pelo concorrente já existente. É importante, contudo, que o novo lojista esteja seguro de que tem forças para "brigar" com os concorrentes e não abra mão de fazer as próprias avaliações a respeito do local.

No *site* Saia do Lugar, focado em instruir empreendedores sobre o "caminho das pedras", Renato Mesquita (2019) publicou um artigo sobre os principais erros cometidos por empreendedores quanto à escolha da localização, os quais estão condensados a seguir:

> **Em vez de adaptar o negócio ao ponto, deve-se adaptar o ponto ao negócio**: é fundamental elaborar um plano considerando-se o que é importante para o negócio (ex.: estacionamento) e como isso será mantido após a escolha da localização.
> **Considerar somente o valor do aluguel na escolha**: pelo fato de a escolha da localização ser um aspecto fundamental para o sucesso do negócio, na grande maioria das vezes um ponto

melhor terá um custo de aluguel mais alto; porém, também na maioria das vezes esse investimento fará sentido.

› **Desconsiderar a importância da acessibilidade**: retomando o ponto que apresentamos anteriormente, existem dois formatos de comércio:

1. Destino: no caso de um comércio de destino – por exemplo, um *shopping center* –, a acessibilidade é um critério fundamental, pois os consumidores precisam chegar com facilidade ao local. Por exemplo, você iria a um *shopping center* que não tivesse estacionamento ou que se localizasse em uma rua congestionada se a loja de que você mais gosta também existisse em um *shopping* com estacionamento e fácil acesso?
2. Passagem: no caso de um comércio de passagem, como um restaurante *fast-food*, a visibilidade é fundamental para o cliente. Imagine que você esteja com fome, dirigindo na rua, e observe um grande letreiro de uma rede de *fast-food* de que você goste. Certamente, esse letreiro chamará sua atenção.

Síntese

Neste capítulo, definimos *vendas* como a ação e o efeito de vender, em referência a uma transação ou um contrato, e *administração de vendas* como planejamento, direção e controle da venda, o que engloba recrutamento, seleção, treinamento, delegação, determinação de rotas, pagamento e motivação.

Depois de termos esclarecido tais conceitos, destacamos as fases da venda, iniciando com a explicação sobre os quatro estágios do modelo Aida, os quais compõem uma hierarquia linear pela qual os consumidores passam no processo de compra: atenção, interesse, desejo e ação. Seguimos, então, apresentando as seis fases consagradas como fundamentais para uma venda: prospecção de clientes; abordagem ao cliente; identificação das necessidades; superação de objeções e resistências; concretização da venda; acompanhamento pós-venda.

Abordamos também as principais diferenças entre vender um serviço e um produto, explorando os conceitos de tangibilidade e durabilidade e detalhando os diferentes tipos de bens existentes. Nesse contexto, esclarecemos os 4Ps do marketing (produto, preço, praça e promoção), os quais exercem grande influência nas decisões de compra e diferenciam os produtos e os serviços.

Considerando o cenário competitivo em que vivemos, que nos apresenta inúmeros desafios comerciais, exploramos também a importância do planejamento, para que a organização se mantenha rentável, destacando alguns fatores importantes. Na sequência, discutimos o quão fundamental é a previsão de vendas para as empresas, já que é por meio desse processo que elas determinarão as vendas futuras e a importância das metas. Também indicamos algumas das ferramentas da gestão de vendas utilizadas para o acompanhamento e controle do planejamento de vendas, tais como o farol de metas e o diagrama de Ishikawa.

Buscamos, ainda, descrever diferentes estratégias para que um negócio se diferencie da concorrência, iniciando com o detalhamento da criação de valor por meio da explicação de preço e da percepção do preço. Abordamos, também, outro importante diferencial estratégico da gestão de vendas, que é a localização do negócio, exemplificando sua importância e a dificuldade para encontrar o lugar ideal.

Em face dessa contextualização, você pode se considerar preparado para seguir para a próxima e importante etapa que compõe a gestão de vendas: a tão conhecida força de vendas.

Questões para revisão

1. A administração de vendas é uma área que vem assumindo cada vez mais importância nas organizações. Para que ela seja bem-sucedida, as empresas devem:

    a) organizar, planejar e executar as fases da venda.
    b) planejar as fases da venda e gerenciar sua exceção.
    c) organizar e planejar as fases da venda.
    d) planilhar as fases da venda e dividir com a equipe.
    e) administrar apenas as etapas envolvidas no pós-vendas.

2. O que são KPIs?

    a) KPIs são indicadores-chave de *performance* e referem-se à métrica utilizada para acompanhar o desempenho das empresas.
    b) KPIs são metas definidas pelas empresas para suas equipes de vendas.

c) KPI é um dos indicadores da empresa, mas não o principal.
d) KPI é uma estratégia de marketing.
e) KPI é uma forma de controlar as metas da equipe.

3. Qual é a nova visão que o autor Daniel Pink (2013) busca propagar sobre a área de vendas?

a) Vendas como uma matemática exata, algo como "dois mais dois são quatro".
b) Vendas como uma parte da área de marketing, o "braço direito" dessa área.
c) Vendas como uma arte e uma ciência, sendo uma ciência social pela intuição que está atrelada a essa área.
d) Vendas como uma área relacionada à logística, devendo trabalhar junto desta em tempo integral.
e) Vendas como uma área diretamente relacionada ao departamento financeiro e diretamente dependente dele.

4. O que é a estratégia Aida, destacada como uma importante ferramenta de venda para alcançar o sucesso?
5. Quais são os três principais fatores apresentados neste capítulo como fundamentais para um planejamento de vendas eficaz?

Questões para reflexão

1. Pensando no que você aprendeu neste capítulo, em seus conhecimentos prévios sobre o assunto e em sua experiência acadêmica e profissional, o que você entende como sendo o ato de vender? Por que considerar a venda

como uma importante ferramenta de diferenciação para as empresas?
2. Você trabalha ou já trabalhou com metas? Avalie se você acredita que essa é uma estratégia eficaz para a equipe de vendas e qual é a razão disso. Caso considere que não seja, pense em outras estratégias que podem ser interessantes e motivadoras para a força de vendas.
3. Considerando o mercado de competitividade acirrada em que vivemos e a área de vendas como uma potencial fonte de diferenciação das empresas, avalie de quais estratégias uma empresa que atualmente está no mercado necessita para alcançar novos consumidores e criar valor para seu negócio.

Para saber mais

MODELO Aida – Narrado. Disponível em: <https://www.youtube.com/watch?v=DrFo4szKNiA>. Acesso em: 11 out. 2019.

Assista a esse interessante vídeo que já teve milhares de visualizações. A produção detalha, em apenas cinco minutos, as quatro principais características do modelo, relacionando cada uma a diferentes comerciais, o que contribui para facilitar a compreensão dessa importante ferramenta de vendas.

VENDA MAIS. Disponível em: <https://www.vendamais.com.br/>. Acesso em: 11 out. 2019.

Acompanhe as notícias e conteúdos do portal Venda Mais, com tendências e reportagens atuais relacionadas ao varejo.
EXAME: Negócios. Disponível em: <https://exame.abril.com.br/negocios>. Acesso em: 11 out. 2019.

Acompanhe também o portal de negócios da tradicional revista *Exame*, com interessantes reportagens sobre a área.

Estudo de caso

Ikea – líder no segmento moveleiro

Para assegurarmos o completo entendimento dos 4 Ps, já que o sucesso de uma venda depende muito disso, nada melhor do que apresentar um estudo de caso sobre uma das empresas mais bem-sucedidas na implantação dos 4Ps em sua realidade: a Ikea.

Pouco conhecida no Brasil, pois ainda não atua no país, a Ikea é líder mundial no mercado moveleiro, além de atuar com diversos tipos de produtos. Trata-se de uma marca forte e amada nos mercados em que atua.

Criada na Suécia, em 1943, seu nome se formou a partir das iniciais de seu fundador, Ingvar Kamprad, e da cidade e da comunidade em que passou sua infância, Elmtaryd e Agunnaryd, respectivamente. A Ikea começou como um pequeno negócio que oferecia a preços baixos canetas, carteiras, relógios e outros artigos. Em 1948, Ingvard decidiu vender os móveis que eram produzidos por fabricantes locais, momento em que começou a trajetória da loja de móveis. Naquele momento, o criador não imaginava a proporção que seu negócio tomaria e como impactaria de forma positiva a vida das pessoas e do planeta. Atualmente, a empresa tem mais de 250 lojas presentes em 24 países, contando com mais de 118 mil colaboradores e mais de 1.350 empresas como fornecedores diretos.

O modelo de negócio da Ikea visa trabalhar o *mix* de qualidade, funcionalidade e *design* dos produtos, com preços baixos para que mais e mais pessoas tenham condições de comprá-los. Ao considerar o preço que deseja atingir, a Ikea relaciona esse atributo à sua missão, à sua visão e aos seus valores, criando, assim, um grande diferencial competitivo.

A visão da empresa é "criar um melhor dia a dia para a maioria das pessoas" (Ikea, 2019), e sua ideia de negócio consiste em "oferecer uma vasta gama de produtos funcionais e com um bom design a preços tão baixos que a maioria das pessoas pode comprá-los" (Ikea, 2019). Já a missão da organização diz respeito a trabalhar arduamente

> para oferecer qualidade a preços acessíveis para os nossos clientes, otimizando toda a nossa cadeia de valor, construindo relações a longo prazo com os nossos fornecedores, investindo numa produção eficiente de grandes quantidades. A nossa visão também vai muito para além da decoração para a casa. Queremos criar um melhor dia a dia para todas as pessoas que impactamos com o nosso negócio. (Ikea, 2019)

Como podemos perceber, o sucesso da Ikea não é sorte, e sim resultado de muito empenho e trabalho, bem como de missão e visão sólidas e alinhadas com a estratégia da empresa. Conforme mencionamos, tal sucesso foi obtido por meio da correta execução dos 4 Ps de marketing: produto atrativo e de qualidade, com preço acessível, em pontos de venda convenientes e corretamente distribuídos e com uma comunicação eficiente, ou seja, com uma promoção que atinge os consumidores.

2

A força de vendas

Conteúdos do capítulo:

> A força de vendas e suas atividades principais.
> Recrutamento e treinamento da equipe de vendas.
> O gestor de vendas e suas principais atribuições.

Após o estudo deste capítulo, você será capaz de:

1. compreender a força de vendas e de suas atividades;
2. aprender como um bom vendedor pode se diferenciar dos demais;
3. entender como selecionar, treinar e motivar a força de vendas;
4. compreender a função do gestor de vendas e suas principais atribuições.

FUNDAMENTAL PARA O SUCESSO DA GESTÃO DE VENDAS, a força de vendas é representada pela equipe que compõe essa gestão, envolvendo todas as etapas, desde o recrutamento do pessoal até o acompanhamento de seus resultados.

Neste capítulo, apresentaremos técnicas e abordagens que competem a um bom vendedor e explicaremos também em que consiste a força de vendas, incluindo suas atividades e a forma de recrutar e treinar essa força. Destacaremos a relevância de um recrutamento eficiente considerando diferentes critérios de líderes renomados no mercado, bem como o alinhamento do funcionário à cultura da empresa.

Abordaremos, ainda, o que caracteriza um gestor de vendas, quais são suas principais atribuições e como motivar a equipe.

Por fim, buscando ilustrar e reforçar os conteúdos discutidos, apresentaremos histórias de sucesso de conhecidos empreendedores, além de um estudo de caso sobre a empresa Ri Happy Brinquedos.

2.1 Um bom vendedor

Qualquer profissional precisa vender seu trabalho – para seus chefes, pares, pacientes ou alunos. Até mesmo uma mãe que tenta convencer seu filho a tomar banho ou estudar para uma prova está exercendo uma atividade de persuasão, vendendo-lhe uma ideia.

Os seres humanos não diferem somente pela capacidade de pensar, mas pela capacidade de trocar os excedentes, o que é a mola mestra de nossa sociedade e impulsionadora de nossa evolução. Apenas o ser humano troca excedentes, nenhum outro animal o faz (Kotler; Keller, 2012).

Um a cada nove empregados norte-americanos trabalha com vendas, mas os outros oito também exercem esse trabalho, pois passam o dia tentando convencer outras pessoas. Tentam persuadir colegas para aderirem a novas ideias, investidores para apostarem em novos projetos e até pais para auxiliarem na criação dos filhos. Assim é a rotina da maioria das pessoas (Pink, 2013).

Em um mundo globalizado, em que as disputas estão cada vez mais acirradas, a concorrência não está apenas na loja ao lado, mas muitas vezes compete por espaço direto com um vendedor de qualquer parte do mundo. Assim, vender (entenda-se não apenas gerar faturamento, mas vender com margem, gerando resultado) tornou-se uma ciência das mais complexas e revelou a necessidade da profissionalização da área de vendas.

Com esse crescimento, como garantir que todos os vendedores entreguem o mesmo padrão de atendimento em diversas lojas? Pela necessidade da administração de um grande número de clientes e concorrentes e pela velocidade das mudanças na economia, tornou-se necessário fortalecer a profissão de administrador de vendas. Pare para pensar: O que faria você escolher entre dois médicos com a mesma formação e o mesmo valor de consulta? Justamente a habilidade deles em vender seu trabalho. Parece leviano dizer que um médico também atua em vendas, porém isso é fato! Além desse aspecto, ele enfrenta muitos dos desafios de qualquer negócio, como a concorrência, o consumidor superinformado (quem nunca entrou no Google para tentar fazer um autodiagnóstico fazendo uma busca pelos sintomas?), entre outros.

Já que estamos falando da área médica, vamos considerar um exemplo da importância da área de vendas para todos os profissionais. Em uma conversa informal com uma cirurgiã plástica, ela confidenciou uma dificuldade em administrar a clínica que possui em sociedade com o esposo, também cirurgião plástico, e com alguns outros médicos de outras especialidades. Durante o bate-papo, ela comentou que médicos são treinados para atender, e não para administrar; por isso, era muito difícil lidar com a gestão da clínica. Ela também mencionou sentir necessidade de aprender mais sobre vendas e gestão. Como cirurgiã plástica, ela atua com procedimentos estéticos, como aplicações de botox e preenchimentos; logo, concorre com diversas clínicas de estética, biomédicos e até mesmo dentistas que passaram a executar esses procedimentos. De repente, além de se preocupar com seus serviços, ela se viu preocupada também em vender os diferenciais de realizar um procedimento com um cirurgião plástico e, assim, agregar mais valor ao seu serviço e ampliar o número de clientes, além de fidelizar os atuais de modo a não perdê-los para a concorrência.

No entanto, descobrir o problema, que nesse exemplo é a necessidade de uma gestão eficiente de vendas, não necessariamente o resolve. Mas, então, como fazer uma gestão de vendas de sucesso?

O vendedor deve ter o que se entende, em inglês, por ABC (*always be closing*) – algo que, em português, pode ser traduzido como "sempre esteja por perto" (Pink, 2013). Ao apontarmos essa métrica, já destacamos que, ao contrário do que é pregado pelo senso comum, os extrovertidos não são bons vendedores por natureza. Em geral, eles tendem a falar mais e, consequentemente, perdem a oportunidade de ouvir o interlocutor. É essencial também ao vendedor que ele conheça todas as fases da venda, detalhadas no capítulo anterior, de maneira completa: desde a prospecção e a abordagem do cliente até o pós-venda. Assim, ele terá mais recursos para atender o cliente de forma plena e alcançar ótimos resultados, evitando determinadas situações que poderão fazer com que o cliente rejeite a marca ou o produto.

Robert Herjavec, empresário sediado no Canadá e juiz do *reality show* Shark Tank, autor do livro *Você não precisa ser um tubarão*, destaca em uma reportagem da *Revista HSM* que, para entar entre os 20% dos vendedores que fazem 80% das vendas, o ponto-chave é saber criar e manter um bom relacionamento. Segundo ele, para estar entre os melhores vendedores, é preciso (Herjavec, 2017):

› conhecer a fundo o produto/serviço que está sendo vendido, sabendo diferenciá-lo dos de seus concorrentes e justificando por que os clientes devem utilizar o seu;
› saber vender, além dos atributos (isto é, das qualidades dos produtos), também as vantagens e os benefícios, considerando-se que uma vantagem pode ser encarada como a conexão entre atributo e benefício, que, por sua vez, refere-se à percepção do motivo pelo qual o consumidor entende que deve adquirir um produto sabendo vender as vantagens e os benefícios, o vendedor consegue um grande diferencial, que é explorar a emoção dos clientes;
› conhecer tudo sobre o cliente, observando seu comportamento, pesquisando dados e tendências para entender com quem está falando e para quem quer vender;
› saber o que o consumidor sabe sobre você, já se preparando, assim, para eventuais críticas, a fim de, se necessário, defender a si mesmo ou a própria empresa;
› preparar-se para apresentar a empresa e o produto, antecipando eventuais perguntas e críticas que possam surgir por parte do cliente.

E você, quer fazer parte dos 20%? Fique tranquilo, pois este livro busca ajudá-lo com isso!

É fundamental, também, destacar a importância da cultura da empresa. Esse ponto, mesmo que pareça redundante, é muito importante, porque, por mais óbvio que pareça, alguns empregadores contratam uma pessoa mal-humorada para trabalhar no atendimento de uma empresa que vende a ideia de "lugar de gente feliz". Mas não é possível ensinar uma pessoa a sorrir e a ser prestativa. Você contrata pessoas que sejam essencialmente alegres e prestativas e as treina para que façam o seu melhor.

Nesse sentido, ter clareza quanto à missão, à visão e aos valores é o primeiro passo para construir uma equipe preparada para atender a seus objetivos. Isso fica evidente com o exemplo da protagonista de *Alice no País das Maravilhas*, quando o gato maluco pergunta a Alice: "Para onde você quer ir?". Quando ela responde que não sabe, o gato devolve com a mais provocativa das respostas: "Para quem não sabe para onde vai, qualquer caminho serve" (Carroll, citado por Franzini, 2014).

Qualquer cliente espera ser bem atendido, ouvido e, principalmente, sair da negociação plenamente satisfeito com a compra realizada, ou seja, sem questionar se o produto lhe será útil ou se vale o preço gasto! Fred Herman (1970), autor do livro *Selling Is Simple (Not Easy, but Simple)*, afirma que vender é uma ação simples, porém não é fácil. Autoconfiança, prospecção, produto e conhecimento, além da própria empresa e da habilidade na profissão, determinarão se o vendedor vai ganhar ou perder uma venda. Sob essa ótica, conforme Oliveira (2019), o vendedor ideal deve:

› ter alto nível de energia;
› ser bastante autoconfiante;
› ter ambição;

- saber trabalhar sozinho;
- ter persistência;
- ser competitivo.

Por fim, fica evidente o quão fundamental é para a empresa e o vendedor compreender que um processo de venda benfeito vai muito além da persuasão e de frases decoradas.

2.2 Gestão da força de vendas

Alguns autores estão começando a encarar o processo de venda como não linear, que envolve muitos atores, em vez de ser visto como um processo linear de várias etapas que pode se concentrar muito de perto em comprador e vendedor (Dixon; Tanner, 2012).

Outros argumentam, ainda, que a função de vendas está sendo cada vez mais ampliada, mesclando-se com outras funções e influenciando outras áreas funcionais (e também recebendo influência delas). Nessa perspectiva, essas seriam as razões pelas quais uma abordagem holística é necessária (Malshe; Hughes; Le Bon, 2012).

A literatura de vendas menciona que os vendedores assumem cada vez mais os papéis de corretores do conhecimento e de consultores que auxiliam compradores, suas próprias empresas e outros atores a entender melhor os *insights* e as implicações de eventuais problemas e mercados. Assim, surgem possibilidades de soluções que podem trazer benefícios mútuos a longo prazo (Rapp et al., 2015).

A esse respeito, acompanhe a seguinte situação: uma das autoras desta obra[a], em uma visita a uma loja da móveis nos Estados Unidos, com um grupo de amigas, foi extremamente bem recebida pelo gerente da loja, que recepcionou com entusiasmo o grupo e falou com paixão sobre suas equipes. Uma de suas frases marcantes foi: "Cuide bem das pessoas da sua equipe, sua equipe cuidará bem dos seus clientes e o resultado será uma consequência". Evidentemente, esse grupo teve uma excelente experiência de compra!

Dessa forma, veja a seguir algumas poderosas dicas para o processo de formação e manutenção de uma equipe de sucesso:

> **Selecione corretamente**: valorize o processo de recrutamento e seleção de pessoas. Não pense que investir tempo nesse processo é bobagem. Um bom recrutamento certamente custará menos do que um time com alta rotatividade e baixo resultado. Cabe ao líder encabeçar esse processo. Recrutar as pessoas certas não significa buscar profissionais perfeitos, mas, basicamente, escolher a pessoa que se encaixa nos valores e objetivos da empresa
> **Desenvolva as pessoas**: encontrar as pessoas certas já é um ótimo passo, mas ainda há um grande percurso a ser superado até a conquista de uma equipe de sucesso. Desenvolver pessoas é uma tarefa diária. É papel do líder identificar oportunidades e buscar capacitações adequadas. Estar próximo da equipe, oferecer *feedback* e um direcionamento claro são papéis do gestor.

---

[a] Samanta Puglia Dal Farra.

> **Não deixe sua equipe ficar na zona de conforto**: bons profissionais gostam de evoluir, e oferecer-lhes oportunidade para que se envolvam em novos desafios faz com que sintam o sangue correr nas veias e tenham aquele brilho no olhar que tanto esperamos. Ideias criativas e inovadoras surgem em ambientes em que as pessoas são provocadas a se reinventar constantemente e a buscar o próprio aprimoramento e o dos negócios em que estão inseridas.

> **Dê *feedback* constante e reconhecimento**: contar com uma empresa que oferece um programa formal de avaliação e *feedback* facilita o processo, mas o interesse genuíno e constante do gestor pelas pessoas de seu time é o que faz a diferença. Além de reconhecer os desempenhos de alta *performance*, é preciso entender o que diferencia os talentos. Trata-se de um processo trabalhoso, mas recompensador.

> **Reconheça, recompense e comemore com as pessoas**: reconhecer é uma demonstração de atenção por parte do gestor. Nesse sentido, é importante observar os esforços quando os resultados são bons e também quando não são, bem como comemorar pequenas e grandes conquistas, individuais e do time, para recompensar de forma justa. Investir tempo e recursos nas comemorações ajuda na construção do sentimento de pertencimento e atua na sensação de bem-estar de uma forma muito mais significativa do que o simples reconhecimento financeiro, que, em geral, leva a uma satisfação momentânea, enquanto sentimentos positivos tendem a gerar resultados de longo prazo.

> **Lidere pelo exemplo**: liderar também é um processo de autoconhecimento. Um líder só pode ser respeitado e seguido

quando ele não segue o caminho do "faça o que eu digo, mas não o que eu faço". A conduta do líder é sempre observada. A forma como ele lida com o próprio erro é uma grande oportunidade para demonstrar humildade e resiliência. Em momentos como esse, os liderados poderão se sentir seguros para experimentar e inovar, sabendo que o erro é parte do processo e que não é preciso buscar sempre a perfeição, e sim reconhecer falhas e buscar soluções de forma rápida, sem apontar culpados ou esquivar-se.

› **Promova a autonomia das pessoas**: autonomia e espaço para assumir riscos ajudam a desenvolver pessoas seguras e preparadas para tomar decisões. A autonomia em vendas gera clientes mais satisfeitos e libera tempo do gestor para lidar com questões mais estratégicas. Um time que depende do líder para qualquer decisão é inseguro e perde agilidade. Busque desenvolver pessoas para que tenham autonomia.

› **Seja claro e transparente**: não complique, busque traduzir para a equipe de forma simples e clara quais são os objetivos da empresa e aonde ela quer chegar. Nada mais desgastante e pouco produtivo do que trabalhar sem entender qual é o objetivo proposto. É comprovado que as pessoas trabalham com mais afinco quando se sentem parte de um propósito maior. Ajude os indivíduos no cumprimento de seus objetivos individuais, estabeleça com clareza o papel de cada um dentro do objetivo macro, acompanhe e faça os ajustes necessários.

› **Exerça o respeito**: ter um time equilibrado e colaborativo, sim, mas homogêneo, não. Uma equipe formada por pessoas com características diferentes gera complementaridade, e o respeito é o ingrediente fundamental para essa receita dar certo. Ao líder compete a tarefa de respeitar cada indivíduo e exigir o respeito entre os integrantes, sem tolerar falta de respeito e de integridade.

Em paralelo a essas etapas, para a formação de qualquer equipe de sucesso, é fundamental ter claros os valores que a empresa quer cultivar (ou seja, a visão e a missão) e, finalmente, a expectativa de resultados.

Também é muito importante considerar como será a organização do departamento de vendas; geralmente ela pode ser segmentada da seguinte forma:

› **Território**: divisão geográfica – por exemplo, por cidade. Em multinacionais, é bastante comum haver líderes de venda separados por regional sul, regional sudeste etc. Essa opção pode ser considerada boa quando existem clientes com características e potenciais semelhantes. Porém, para ser eficiente, é preciso contar com uma administração de total controle (Campos, 2009).
› **Clientes**: divisão pelas características do cliente – por exemplo, tamanho, tipo etc. Também é bastante comum em grandes empresas: são os famosos *key accounts*, equipes de vendas segmentadas por grandes clientes. Essa divisão pode ser feita por tamanho ou segmento e tem como vantagem estreitar o relacionamento (Campos, 2009).
› **Produtos**: divisão por tipo de produto, mais comum em empresas que têm muitas linhas de produtos diferentes. Nesse caso, os vendedores se dividem por tipo de linha, podendo, assim, especializar-se em cada uma. A maior desvantagem dessa divisão é a necessidade de existir um

vendedor por cliente, o que tende a gerar custo maior para a empresa (Campos, 2009).

A criação da força de vendas deve levar em conta, ainda, o tamanho conforme a necessidade da empresa. Esse dimensionamento é definido, basicamente, considerando-se as metas de faturamento e o crescimento que a empresa espera alcançar, além do contexto de mercado e da própria empresa. Para definir esse tamanho, devem-se levar em conta, ainda, os dados concretos sobre a empresa e seu mercado. Para tal, muitas vezes, faz-se necessária uma pesquisa prévia para garantir a veracidade das informações consideradas (Silva, 2019).

Como uma tática para a definição do tamanho da força de vendas, a recomendação é considerar o número de vendedores da própria empresa e também da concorrente; a demanda por reuniões presenciais envolvendo os vendedores; a quantidade de reuniões que é possível realizar em determinado prazo.

Após a definição de como a equipe de vendas deve ser constituída, vamos partir para as próximas etapas, as quais envolvem a análise acerca das atribuições dessa equipe.

2.2.1 Atividades da força de vendas

Você sabia que uma das principais formas de motivar uma equipe é deixar claro quais são suas tarefas? Se você parar para pensar, verá que isso faz bastante sentido, afinal, as pessoas gostam de trabalhar em organizações que deixam claro o que se espera delas. O vendedor, evidentemente, tem como principal tarefa vender um produto ou serviço, mas suas tarefas vão muito além disso.

Luiza Helena Trajano, CEO da Rede Magazine Luiza há mais de 20 anos e considerada uma das mulheres mais poderosas do país, reforça como uma das principais tarefas do vendedor o profundo conhecimento sobre o que ele está vendendo, uma vez que um produto ou serviço nada mais é do que uma solução para um problema (Trajano, 2019).

Além de saber tudo (e mais um pouco) sobre o produto, que outros pontos fundamentais você acredita que devem ser considerados tarefas-chave para o sucesso de um bom vendedor?

As tarefas de um vendedor vão muito além da venda propriamente dita, que é a comercialização do produto. Para realizar uma venda com sucesso, são muitas as etapas necessárias, as quais estão indicadas a seguir.

› **Prospecção de clientes**:

- › prospectar mercado;
- › realizar visitas regulares aos clientes e controlar e acompanhar os retornos dessas visitas;
- › estimar as necessidades e os desejos dos consumidores;
- › analisar o perfil dos clientes e suas necessidades;
- › pesquisar fontes para novos clientes e formas de atraí-los.

› **Gerenciamento do tempo**:

- › controlar o tempo entre os clientes atuais e os *prospects* e avaliar como otimizar esse tempo;

- listar clientes a serem contatados;
- criar roteiros de visitas antes de sair a campo;
- fazer ligações regulares para buscar novos clientes;
- treinar roteiros de apresentação;
- acompanhar as propostas e os orçamentos apresentados.

- **Comunicação**:
  - estudar os produtos e os serviços que vende;
  - saber vender a linha de produtos e destacá-los em face dos da concorrência;
  - saber justificar o preço praticado por meio de informações relevantes;
  - saber explorar os recursos promocionais que a empresa oferece;
  - conhecer técnicas de comunicação, vendas e negociação.

- **Atendimento**:
  - saber superar objeções impostas pelos clientes;
  - estar sempre à disposição do cliente, antes, durante e depois da venda;
  - colher informações sobre os problemas dos clientes;
  - fidelizar clientes;
  - acompanhar o nível de satisfação dos clientes em relação aos produtos/serviços;
  - conquistar a confiança do cliente mostrando o produto e nunca mentindo para ele.

> **Pesquisa**:
>> buscar informações acerca do mercado e da concorrência;
>> avaliar os produtos/serviços dos concorrentes e fazer comparações de modo a desenvolver argumentos de reforço para seus produtos e serviços;
>> ler revistas/publicações do seu setor de atividade;
>> frequentar reuniões e eventos em que possa haver clientes potenciais.

> **Atividades internas**:
>> auxiliar na análise de vendas da empresa para propor soluções e alternativas a fim de aumentar as vendas e o lucro;
>> capacitar-se;
>> fazer apresentações da empresa para demonstrar e explicar produtos;
>> manter organizados os materiais de trabalho;
>> elaborar relatórios de atividade que todos entendam.

Segundo Marlus Belles, executivo de vendas em canais *hardware* na Bematech e profissional com mais de 15 anos de experiência em grandes empresas, como JBS e Mondelez, com foco em nível de serviço e gestão de vendas, as três características fundamentais de um bom profissional de vendas são: "Capacidade analítica e reativa com as informações do negócio, entendimento dos canais de vendas e capacidade de evolução e adaptação para as novidades de mercado" (Belles, 2018).

São muitas as funções e responsabilidades de um vendedor, não é mesmo? Por isso, é tão importante considerar a forma de recrutar, selecionar e treinar a equipe de vendas.

2.3 Recrutamento e treinamento

Com todas as etapas anteriores cumpridas, a tarefa de montar uma equipe de vendas se torna muito mais fácil, o *briefing* para o responsável pelos recrutadores fica claro e até mesmo atrair candidatos que se identificam com o perfil da empresa se torna mais simples.

Sob essa ótica, as principais técnicas de recrutamento, segundo Chiavenato (2005), são: anúncios em jornais e revistas; quadro de avisos da empresa; agências de recrutamento de pessoal; indicação de funcionários e recrutamento virtual.

> A força de vendas de uma empresa depende da maneira como os vendedores estão organizados, articulados, liderados e orientados. Essa força de vendas pode ser terrivelmente incrementada para tornar-se uma verdadeira máquina de vender por meios relativamente simples e eficazes. Tudo depende de saber lidar com pessoas, tanto aquelas que devem vender como aquelas que pretendem comprar. A organização de vendas busca fazer com que a força de vendas tenha sucesso no contato com os clientes. (Chiavenato, 2005, p. 133)

Um exemplo prático de empresário que leva a sério a seleção de pessoas é Rony Mesler, CEO da Reserva, marca de roupas que desenvolveu uma empresa inovadora pela forma inusitada de liderar. Em entrevista à revista *Exame* (Rodrigues, 2015), Rony contou que queria reunir pessoas com quem tivesse vontade de jantar ou sair para tomar cerveja pelo menos três vezes por semana:

> "Eu buscava pessoas que se apaixonassem pelo negócio e pudessem se tornar meus amigos [...]. Se o vendedor for maneiro o suficiente, a venda é consequência".
> O processo? Foram 115 entrevistas para contratar cinco funcionários. "A mulher do RH não me aguentava mais, deve ter me achado um lunático". (Mesler, citado por Rodrigues, 2015)

O modelo de Rony bebe na fonte do *case* "Zappos", presente no livro *Delivering Happiness* – em português, traduzido como *Satisfação garantida*. A história do autor Tony Hsieh, detalhada no livro, é fascinante e já vale a leitura, mas a recomendação se deve exatamente à abordagem sobre o impacto da cultura e da forma de selecionar e tratar as pessoas, que faz toda a diferença no *case* da Zappos. A cultura empresarial da empresa é capaz de atrair pessoas com visão e valores similares aos do fundador.

Para construir uma cultura corporativa, Tony oferece aos novos funcionários com até um mês de empresa dois mil dólares de pagamento caso eles queiram desistir de sua escolha. Com essa prática, garante-se que os sobreviventes estejam alinhados com os valores da companhia (Melo, 2014).

Sentiu-se atraído pela empresa? Muitas pessoas certamente dirão que sim, enquanto outras ficarão na dúvida. Isso porque existem diferentes perfis de profissionais, que, por consequência, adaptam-se a diferentes perfis de empresas.

Um exemplo de empresa muito bem-sucedida que seleciona pessoas com um perfil completamente diferente do definido pela Zappos é a Ambev, cujo foco ao contratar uma equipe de vendas é buscar por pessoas altamente competitivas, agressivas e remunerá-las muito bem.

Muitos profissionais excelentes alegam que jamais trabalhariam na Ambev por não concordarem com o estilo agressivo e competitivo, enquanto outros apresentam um brilho nos olhos diante desse mesmo desafio.

A cultura da empresa já é sua marca registrada e combina os princípios, as crenças e as práticas que orientam as ações e o comportamento de todos na companhia. Você acredita que um executivo de sucesso na Zappos seria uma boa alternativa para eventualmente assumir uma função de alta gestão na Ambev ou vice-versa?

A reflexão é que, embora sejam empresas extremamente diferentes, não temos dados suficientes para afirmar que um estilo é melhor que o outro. São duas empresas que tiveram sucesso em atingir os objetivos a que se propuseram, pois alinharam suas culturas às estratégias e aos seus cotidianos.

Assim como as empresas, as pessoas são diferentes. Por isso, montar uma equipe de sucesso dependerá muito da consistência entre o perfil da equipe e a cultura da organização.

Ao considerar esses pontos para contratar uma equipe ou escolher um novo emprego, é provável que 50% do resultado já esteja garantido. Grande parte dos outros 50% do sucesso serão resultado de um bom treinamento, tema cada vez mais em voga nas empresas.

A esse respeito, uma matéria publicada no *blog* Samba Tech (2015) apresenta alguns dados interessantes sobre investimentos em capacitação e desenvolvimento de colaboradores no Brasil.

Entre os principais pontos dessa matéria, destaca-se a abrangência de pesquisas e estudos a respeito da temática de treinamento de vendas, já que o aumento de pesquisas sobre esse assunto demonstra o constante crescimento do interesse pela temática tanto por acadêmicos dessa área quanto por atuantes no ramo.

Apesar da importância do treinamento e de seu crescimento no Brasil, enquanto nas empresas dos Estados Unidos a média de treinamento recebido pelos funcionários é de 31 horas, no Brasil é de apenas 16 horas (Samba Tech, 2015), conforme pode ser visto na Figura 2.1.

Figura 2.1 – **Horas de treinamento anual por colaborador**

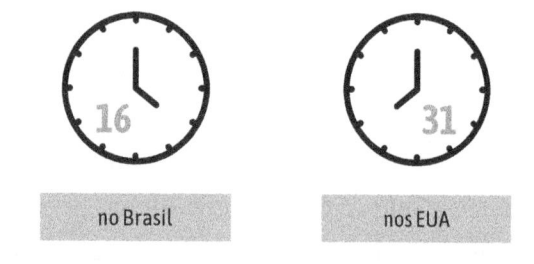

Fonte: Samba Tech, 2015.

Além disso, nos Estados Unidos o gasto médio por colaborador é muito maior do que no Brasil, conforme apresentado na Figura 2.2.

Figura 2.2 – **Gasto médio anual por colaborador**

R$ 518 — no Brasil
$ 1208 — nos EUA

NiKWB/Shutterstock

Fonte: Samba Tech, 2015.

Ainda, a pesquisa aponta que 42% dos treinamentos realizados são dedicados aos funcionários de cargos mais altos (Figura 2.3).

Figura 2.3 – **Distribuição dos investimentos em treinamento**

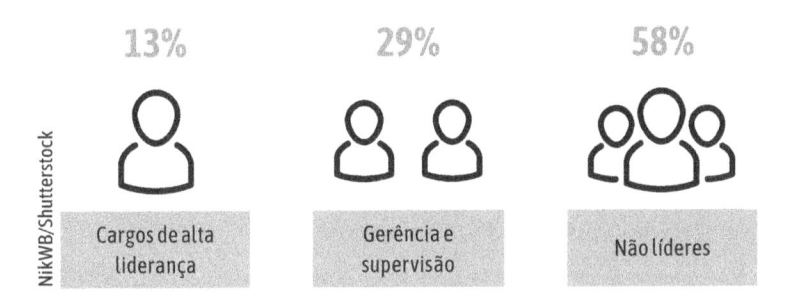

- 13% — Cargos de alta liderança
- 29% — Gerência e supervisão
- 58% — Não líderes

NiKWB/Shutterstock

Fonte: Samba Tech, 2015.

É importante considerar o treinamento como uma forma de otimizar os recursos investidos na área de vendas. Sob essa ótica, como principais benefícios dos treinamentos oferecidos para as empresas, podem ser destacados os seguintes (Samba Tech, 2015):

- **Aumento de produtividade:** tendo mais conhecimentos sobre a empresa, os funcionários vão saber mais sobre seus processos, poderão dar sugestões e fazer críticas para melhorá-los e terão clareza em relação à melhor forma de executá-los.
- **Aumento da motivação dos funcionários:** o funcionário que sente que a empresa investe nele se sente reconhecido e, com isso, mais feliz e determinado a dar o seu melhor.
- **Mais confiança e inovação:** ao conhecerem melhor a empresa e seus processos, os colaboradores sentem mais confiança em sugerir melhorias e também em passar as informações aos clientes.
- **Desenvolvimento de líderes:** um líder bem treinado e com mais conhecimento sobre a empresa tem uma capacidade muito maior de motivar e treinar sua equipe.

Ainda, é fundamental ter em mente quais são os principais objetivos que os treinamentos devem cumprir:

- otimizar os recursos;
- formar uma equipe integrada e com *expertise*;
- aumentar o lucro e o faturamento;
- diminuir a rotatividade de pessoal.

Um treinamento de sucesso envolve, em geral, suporte de uma empresa terceirizada responsável por essa etapa. Porém, independentemente de a realização ser externa ou interna, é essencial que o treinamento aborde:

› postura da equipe de vendas;
› informações completas sobre a empresa, como posicionamento, clientes e diferenciais;
› momento de mercado, da empresa e da concorrência;
› informações sobre o produto, como ciclo de vida, benefícios e destaques em relação à concorrência.

Dessa forma, os passos que devem ser cumpridos para a elaboração de um programa de treinamento são (Oliveira, 2019):

› análise das necessidades da empresa (ex.: treinar uma nova equipe de vendedores);
› definição dos objetivos do treinamento (ex.: ampliar o relacionamento com clientes);
› decisão pelo tipo de treinamento (ex.: treinamento de reciclagem);
› elaboração do programa (ex.: duração e local);
› avaliação do programa (ex.: análise de vendas posterior ao treinamento, para concluir se houve resultados).

O treinamento bem-sucedido, aliado às etapas de seleção e recrutamento, seguramente garante que a empresa está no caminho certo para o sucesso. Nessa direção, algumas das principais formas de treinamento estão expostas na Figura 2.4.

Figura 2.4 – **Conteúdo de treinamento**

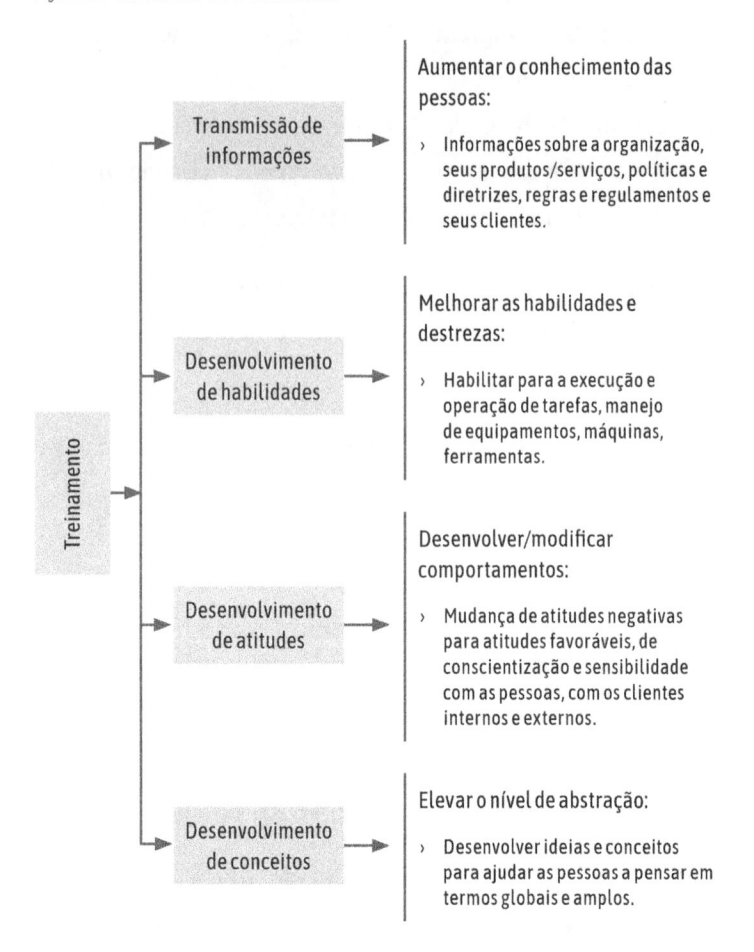

Treinamento		
	Transmissão de informações	**Aumentar o conhecimento das pessoas:** › Informações sobre a organização, seus produtos/serviços, políticas e diretrizes, regras e regulamentos e seus clientes.
	Desenvolvimento de habilidades	**Melhorar as habilidades e destrezas:** › Habilitar para a execução e operação de tarefas, manejo de equipamentos, máquinas, ferramentas.
	Desenvolvimento de atitudes	**Desenvolver/modificar comportamentos:** › Mudança de atitudes negativas para atitudes favoráveis, de conscientização e sensibilidade com as pessoas, com os clientes internos e externos.
	Desenvolvimento de conceitos	**Elevar o nível de abstração:** › Desenvolver ideias e conceitos para ajudar as pessoas a pensar em termos globais e amplos.

Fonte: Chiavenato, 1999, p. 295.

Mas como verificar se a equipe recrutada está contribuindo para uma gestão de vendas bem-sucedida? É isso que será discutido na próxima seção.

2.4 O gestor da área de vendas

O gerente de vendas foi, por muito tempo, visto como o "fechador de pedidos" dentro da organização. Contudo, com a mudança do mercado e o aumento da concorrência, essa função passou a ser considerada mais estratégica para a empresa. Portanto, surgiu a necessidade de um líder com visão, conhecimento de marketing e capacidade de planejamento estratégico, capaz de assumir riscos e tomar decisões.

É comum que algumas empresas contratem profissionais de sucesso para convenções de vendas, a fim de falar aos funcionários sobre motivação e liderança. Essa prática é comum especialmente quando envolve profissionais relacionados ao esporte.

Em uma experiência vivenciada na Mondelez (na época em que ainda era Kraft Foods), durante uma palestra muito interessante com o ex-jogador e técnico de basquete, Oscar Schmidt, foi possível observar diversas correlações entre os desafios de um funcionário e os de um jogador.

Em seu livro *Transformando suor em ouro*, o aclamado técnico Bernardinho, que é economista de formação e conquistou mais de 30 importantes títulos com a seleção brasileira de vôlei, sendo cinco medalhas olímpicas consecutivas, faz um paralelo entre o mundo corporativo e o esporte, indicando que os problemas enfrentados como treinador de equipes são muito semelhantes aos que preocupam os grandes líderes no ambiente profissional competitivo.

Para ele, a gestão de equipes se refere às pessoas, ou seja, ele reforça que é fundamental conhecer todos os membros do time (ou da empresa), sabendo seus pontos fortes e fracos, seus anseios e suas angústias, pois, muitas vezes, o que funciona bem para um não funciona para outro. Para o técnico, quando um líder conhece muito bem cada integrante de sua equipe, ele consegue traçar estratégias para motivar cada um. Segundo o autor, o líder tem de ir muito além de ser o capitão da equipe, colocando-se como aquele que dá o exemplo, seja por meio do treinamento, seja no jogo, seja até mesmo na vida, contribuindo para o aprimoramento da equipe (Bernardinho, 2011).

Como torcedor, você provavelmente já sentiu raiva do técnico que tirou a estrela do time no meio de um jogo de Copa do Mundo de futebol, não é mesmo? Em esportes de equipe ou em empresas, em que o resultado depende do esforço de todos e não apenas de um talento individual, saber equilibrar o time é o que diferencia um bom gestor. Nesse sentido, em uma equipe unida e colaborativa, o apoio é muito maior quando comparado com o de um time composto por estrelas, mas desunido (Bernardinho, 2011). Para o líder, essa máxima também é válida.

Muitos gestores de vendas começaram suas carreiras como vendedores e, em decorrência de seu sucesso individual, foram alçados ao cargo de gestor. O motivo pelo qual muitos fracassam é que liderar não é sobre ser o melhor, mas sobre tirar o melhor de cada um, saber colocar as pessoas certas nos lugares certos, empoderar o time, ouvir, reconhecer os sucessos e apoiar nos fracassos e nos obstáculos enfrentados – esse é o papel do líder.

Em se tratando de futebol, como não pensar em Felipão, famoso por comandar grandes equipes (você já deve ter ouvido falar na "Família Scolari")? Um líder carismático, capaz de integrar pessoas, corajoso o suficiente para tirar do time grandes estrelas e apostar em talentos dispostos a trabalhar em conjunto pelo resultado da equipe. Segundo o técnico, "em uma equipe, ou se dividem as coisas boas e ruins, ou então não se divide nada. Isso temos que ter em mente sempre para manter a união do time" (Scolari, citado por Salomão, 2014).

Defender e valorizar seus jogadores também é uma característica marcante de Felipão. Ao defender o goleiro Júlio César, Felipão "bancou" a convocação do jogador de 34 anos seis meses antes da divulgação da lista oficial para a Copa do Mundo de 2014, disputada no Brasil:

> Tinha convicção de que ele era o melhor goleiro do Brasil. Meu preparador de goleiros [Carlos Pracidelli], que eu confio, me disse que o Júlio é o melhor goleiro que temos. Então o escolhi como meu goleiro. Como vocês [imprensa] não paravam de criticá-lo, então já adiantei a convocação dele para deixá-lo tranquilo. Daí se alguém quiser reclamar alguma coisa, que reclame de mim que o chamei. (Scolari, citado por Salomão, 2014)

Ficou claro o quão complexa é a tarefa de um gestor de vendas, não é mesmo? Para simplificar e facilitar o entendimento do papel de um gestor, suas atividades foram divididas em duas partes, com subcategorias:

1. **Planejamento de vendas**: o gestor comercial é o responsável pelo desenvolvimento do planejamento de vendas, que envolve:

› Objetivos: são definidos em conjunto com as demais áreas estratégicas da empresa; é de responsabilidade do gestor da área de vendas estudar esses objetivos e transmiti-los à equipe "de base", além de estabelecer ações e estratégias a serem executadas por sua equipe para alcançá-los.

› Estratégia de vendas: considerando os objetivos estabelecidos na etapa anterior, o gestor deve definir qual será a estratégia de vendas, sendo esta escolhida entre as que se apresentam a seguir:
  › estratégia de marketing e produto: promover a comunicação de características, atributos e benefícios dos produtos ou serviços aos clientes;
  › estratégia de criação de valor: mostrar ao cliente o valor agregado do que está sendo oferecido;
  › estratégias competitivas: comparar o produto ofertado com o da concorrência;
  › estratégias políticas: manter relacionamentos próximos.

2. **Gerenciamento da força de vendas**: o gestor deve contemplar também a estrutura de vendas que será adotada, a qual pode ser por território, produto ou mercado. No âmbito do gerenciamento da força de vendas, o gestor também é responsável por definir os seguintes aspectos:
   › Tamanho da força de vendas: é responsabilidade do gestor estimar quantas vendas precisam ser feitas para atingir os objetivos e quantos vendedores são necessários para obter o número de vendas esperado.

- Remuneração: a remuneração deve ser estabelecida com base em pesquisas de mercado e, por se tratar de cargos comissionados, é recomendado que se divida em fixa, variável (comissões), auxílios de custo e benefícios.
- Recrutamento e seleção: com o suporte do RH, o gestor deve buscar os vendedores que mais se adequam ao perfil da empresa e que apresentam características fundamentais para realizar uma boa venda, como ter determinação, assumir riscos, saber solucionar problemas, ter autoconfiança e ser bom planejador.
- Treinamento: depois de recrutar a equipe, é fundamental treiná-la e prepará-la para enfrentar os desafios do mercado.
- Supervisão da equipe: além de treinar, o gestor da área de vendas é o responsável por supervisionar a equipe. Essa supervisão engloba o controle das visitas realizadas, a análise sobre a produtividade de tais visitas, a verificação dos gastos envolvidos, o atingimento das metas etc.
- Motivação dos vendedores: a motivação é fundamental para que os vendedores alcancem suas metas e, com isso, colaborem para o sucesso da empresa. Manter os funcionários motivados também é responsabilidade do gestor da área de vendas. Para alcançarem essa motivação, além de treinamentos e convenções de vendas, as empresas utilizam bônus e prêmios. Pesquisas mostram que as recompensas mais valorizadas por vendedores são remuneração, promoções e crescimento pessoal.

> Avaliação de vendedores: mediante o acompanhamento e a supervisão da equipe, o gestor consegue também avaliar os integrantes para fornecer os devidos *feedbacks* e auxiliar na melhoria deles, comparando os desempenhos individuais conforme os objetivos e as metas da empresa.

Seguindo essa linha, apresentamos a seguir algumas das características fundamentais para um gestor de vendas, de acordo com Chiavenato (2005):

> estimular e motivar os vendedores;
> assegurar uma remuneração satisfatória para a equipe;
> flexibilizar conforme os diferentes vendedores e objetos de venda;
> alcançar os objetivos da empresa e dos funcionários;
> compreender as necessidades dos funcionários.

Destacamos, também, as qualidades fundamentais para um gerente de vendas, de acordo com Oliveira (2019, p. 5):

1. Saber realizar previsões de vendas;
2. Ser um analista de mercado;
3. Ser um planejador estratégico;
4. Estudar o comportamento do consumidor;
5. Saber gerenciar oportunidades;
6. Saber analisar custos e lucros;
7. Administrar o orçamento;
8. Administrar o telemarketing;
9. Saber negociar, liderar equipes e situações;
10. Ser um comunicador verbal;
11. Dominar as ferramentas eletrônicas.

Ainda considerando as qualidades necessárias a um bom gestor da área de vendas, entrevistamos Bruno Zanetti, diretor de canais na Ferrero Rocher e profissional com mais de 15 anos de experiência em grandes empresas, como Unilever, Mondelez e Red Bull, além de especialista em gestão de vendas, estratégia de vendas por canais, marketing e gerenciamento de equipe. Ao ser questionado sobre o fato de se considerar um bom gestor de vendas, Zanetti (2018) assim respondeu:

> Eu me considero um gestor de vendas que está sempre focado em ficar atualizado com as mais novas técnicas e tendências de formação de time, liderança, gestão empresarial, técnicas de negociação e entendimento profundo dos clientes. Tenho a visão de que um profissional de vendas completo precisa atuar como um miniCEO, pois ele é responsável por proporcionar soluções sustentáveis para os clientes. Precisa entender toda a cadeia e não pensar apenas nos resultados de curto prazo. Por exemplo, estimulo que os KAM (*Key Accounts Managers*) liderem grupos multifuncionais para prover soluções 360 para seus respectivos clientes e, além disso, sempre desenvolvo treinamentos (junto com a área de RH) para garantir que o time esteja capacitado técnica e comportamentalmente para representar de forma efetiva nossa empresa.

Com essa declaração, podemos perceber a importância fundamental de o gestor de vendas estar sempre atento às novidades e tendências do setor – tópico de que trataremos no último capítulo –, bem como saber de que maneira gerenciar sua equipe e preparar seus integrantes para serem futuros líderes.

2.5 A motivação da equipe de vendas

Os profissionais de vendas, assim como das demais áreas, precisam estar sempre motivados para garantir sua produtividade. Nessa direção, Lucia Haracemiv (2015) expõe cinco dicas fundamentais para motivar uma equipe de vendas:

> **Oferecer comissões competitivas**: recomenda-se o uso de metas por produção, prioritariamente por meio de incentivo financeiro.
> **Incentivar o vendedor a crescer**: é importante ajudar o vendedor a estabelecer, além das metas da empresa, metas pessoais que incentivem seu crescimento.
> **Realizar treinamentos**: conforme abordado na seção específica sobre o tema neste livro, treinamentos mantêm os vendedores mais motivados e satisfeitos.
> **Reunir-se com a equipe**: é essencial dar a todos a liberdade de se expressar, reconhecer as conquistas e avaliar o que precisa ser melhorado.
> **Deixar cada vendedor livre para definir sua rotina**: não se devem criar limitações (excentrando-se compromissos como o comparecimento a de importantes reuniões) na definição da rotina de cada vendedor.

A motivação da equipe de vendas é o que garante a satisfação dos funcionários, a qual é consequência direta da qualidade interna da empresa, ou seja, de como o funcionário se sente em relação ao seu trabalho, ao ambiente e aos colegas, bem como da atuação de líderes que sabem ouvir e reconhecer o que dizem seus funcionários, com base em uma cultura focada nos colaboradores e nos clientes.

Quando a cultura tem foco nos clientes e os funcionários estão satisfeitos, isso não apenas repercute na rotatividade da equipe (que é um grande causador de prejuízos para a empresa, por envolver custos em contratação e treinamento e perda de relacionamentos), mas também resulta em lealdade por parte dos consumidores.

A lealdade de um cliente é um fator-chave para gerar lucro nas empresas. A esse respeito, "a estimativa é que um aumento de 5% da lealdade dos consumidores gere um aumento de 25% a 85% de lucro" (Heskett et al., 1994, p. 165, tradução nossa). Assim, majoritariamente, a lealdade é consequência da satisfação com o produto ou serviço. Quando os consumidores estão muito satisfeitos e são leais, podem se tornar embaixadores do produto/serviço, persuadindo outras pessoas ao consumo. O oposto disso ocorre quando a insatisfação é tão grande que os consumidores se tornam terroristas do produto/serviço, atingindo centenas de pessoas.

Síntese

Neste capítulo, reforçamos o que foi apresentado no Capítulo 1: todos, no decorrer do dia a dia, são vendedores quando estão em busca de persuadir alguém a fazer algo.

Essencial para o sucesso de uma venda, também apresentamos o perfil ideal do vendedor, destacando a técnica ABC (estar sempre por perto) e os comportamentos necessários para se tornar um dos 20% dos vendedores que fazem 80% das vendas. Tais comportamentos envolvem conhecer a fundo o produto e saber vender além dos atributos. Exploramos, ainda, as diferentes segmentações da equipe de vendas – por território, cliente e produto – e as principais atividades dessa equipe.

Abordamos, também, a temática relativa à formação da equipe de vendas, considerando algumas importantes etapas, como a seleção correta, o desenvolvimento de pessoas, o constante *feedback* e o reconhecimento da liderança pelo exemplo, entre outros. Enfatizamos que, com o cumprimento dessas etapas, o recrutamento e o treinamento da equipe de vendas ficam bem mais fáceis. Nesse sentido, o treinamento e todas as etapas envolvidas são fundamentais para preparar os vendedores para uma boa venda.

Ressalamos, ainda, a importância do gestor de vendas, líder da força de vendas e um dos principais responsáveis pela gestão, e detalhamos suas principais atividades e competências, majoritariamente relacionadas à gestão da equipe e ao planejamento de vendas.

Agora que você já tem um amplo entendimento da área de vendas e da equipe que a compõe, abordaremos, no próximo capítulo, as diferentes formas de vender e o relacionamento do vendedor com seu cliente.

Questões para revisão

1. Assinale a alternativa que representa o significado do método ABC, recomendado como uma estratégia de vendas para a equipe:

    a) Cercar o cliente, sem dar espaço para ele pensar, levando-o à desistência.
    b) Deixar o cliente livre, sem se aproximar, dando espaço para que ele tome a melhor decisão.
    c) Estar sempre perto do cliente, porém de forma sensata e atendendo-lhe de acordo com o perfil que ele apresenta.
    d) Estar distante do cliente, fazendo com que ele vá atrás do vendedor para buscar o que deseja.
    e) Estar próximo do cliente quando ele solicitar sua presença.

2. Indique a alternativa que **não** se refere às principais funções da equipe de vendas destacadas neste capítulo:

    a) Abordagem e insistência.
    b) Prospecção de clientes.
    c) Gerenciamento do tempo.
    d) Pesquisa e atividades internas.
    e) Definição e execução de processos.

3. Entre os itens a seguir, qual pode ser considerado um dos principais benefícios dos treinamentos oferecidos nas empresas?

   a) Funcionários que se concentram mais nas ações de atendimento pós-venda.
   b) Funcionários mais comunicativos e que interagem mais uns com os outros.
   c) Aumento da motivação dos funcionários.
   d) Aumento no número de abordagens e prospecção de clientes.
   e) Melhoria na qualidade do serviço pós-venda.

4. Por que a forma de liderança de Rony Mesler, CEO da Reserva, é considerada inovadora?

5. Destaque as principais tarefas de um gestor de vendas.

Questões para reflexão

1. Considerando que a área de vendas é uma das que têm maior *turnover* (rotatividade de equipe), imagine-se como o gestor de vendas de uma equipe e pense em diferentes estratégias que você poderia adotar para motivá-la.

2. Ainda considerando o *turnover*, que ações você, como gestor de vendas, adotaria em um processo de recrutamento com o objetivo de contratar uma pessoa que se adeque à vaga e à empresa?

3. Depois de analisar todas as atividades de responsabilidade do gestor de vendas, quais qualidades você destacaria como fundamentais para um gerente de vendas?

Para saber mais

HERJAVEC, R. **Você não precisa ser um tubarão**: crie o seu próprio sucesso. São Paulo: Primavera Editorial, 2016.

Robert Herjavec é uma das estrelas do famoso programa de TV *Shark Tank*, traduzido no Brasil como "Negociando com Tubarões" – *reality show* norte-americano no qual empreendedores precisam defender as ideias de seus empreendimentos para possíveis financiadores (os "tubarões"). Considerado como o "tubarão bom" do programa, por ter uma abordagem honesta e legítima com os empreendedores, Herjavec demonstra que não é necessário ter uma personalidade agressiva e única para ter sucesso nas vendas. Nesse livro, ele mostra diferentes técnicas de vendas não só para negociar produtos/serviços, mas também para o vendedor aprender a "se vender" de forma bem-sucedida.

ISAACSON, W. **Steve Jobs**. São Paulo: Companhia das Letras, 2011.

Nessa obra, o famoso empresário Steve Jobs, em mais de 40 entrevistas realizadas ao longo de dois anos, fala com clareza e honestidade sobre sua relação com companheiros de trabalho e equipe, assim como sobre questões pessoais e profissionais que marcaram sua vida. O livro conta também com mais de 100 entrevistas com amigos, familiares, colegas e concorrentes, mostrando todas as faces desse ícone da Apple.

Sua história é, ao mesmo tempo, uma lição de vida e uma advertência, além de ilustrar a capacidade de inovação e de liderança, o caráter e os valores de um homem que ajudou a construir o futuro.

O LOBO de Wall Street. Direção: Martin Scorsese. EUA: Universal Pictures, 2013. 180 min.

A história do filme *O lobo de Wall Street* relata a vida de Jordan Belfort, um corretor de ações que ganhava mais de 49 milhões de dólares aos 26 anos, uma fortuna originária de fraudes e corrupção.

Contudo, além do lado negativo de Jordan, o filme mostra o importante papel de forte liderança em face da equipe, destacando a paixão e o entusiasmo que devem caracterizar um líder que realmente acredita na empresa e em seus colaboradores.

JOY: o nome do sucesso. Direção: David O. Russell. EUA: 20th Century Fox; Big Picture Films; Fox Filmes do Brasil, 2015. 124 min.

No filme *Joy: o nome do sucesso*, a personagem Joy, uma dona de casa que, além das funções domésticas, cuida dos filhos e dos pais, vê seu lado criativo da infância, quando ela criava seus brinquedos, apagar-se na fase adulta, até o momento em que, para ajudar nas tarefas de casa, ela própria cria um novo modelo de esfregão.

Desde o desenho do produto até o detalhamento da fabricação, a produção e a propaganda, quando a criação se tornou um sucesso, esse filme aborda temas como perseverança e a necessidade de trabalho árduo para alcançar o sucesso.

3

Vendas: B2B, B2C, direta e digital

Conteúdos do capítulo:

› Principais segmentos para os quais a área de vendas se direciona: B2B, B2C, venda direta e venda digital.
› Relacionamento com o cliente.
› Atendimento pós-venda e ferramenta *Customer Relationship Management* (CRM).

Após o estudo deste capítulo, você será capaz de:

1. compreender as diferenças entre os clientes B2B e B2C;
2. entender o que são as vendas direta e digital;
3. compreender como vender da melhor forma para cada cliente;
4. avaliar a importância do relacionamento com o cliente, com destaque para o pós-venda e o uso da ferramenta CRM.

NO ÂMBITO DA TEMÁTICA DA GESTÃO DE VENDAS, ENQUAdram-se diferentes tipos de vendas, como *business-to-business* (B2B), *business-to-consumer* (B2C), venda direta e venda digital, além de estratégias de relacionamento com o cliente, uma importante função do vendedor para manter um cliente leal.

Sob essa ótica, neste capítulo, apresentaremos os formatos de vendas e o detalhamento dos clientes B2B e B2C, com destaque para a forma de abordagem conforme o cliente, bem como o histórico e a estratégia das vendas diretas e das vendas digitais. Abordaremos, ainda, diferentes estratégias de relacionamento com o cliente, entre as quais se destacam o atendimento pós-vendas e o *Customer Relationship Management* (CRM).

Os principais pontos discutidos serão reforçados com dois estudos de caso, os quais tratam de estratégias de marketing no mercado B2B e da empresa de venda direta Mary Kay.

3.1 Vendas B2B, B2C e outras

As empresas são movidas a lucro, que advém de produtos e serviços vendidos, e essas vendas dependem da área de vendas. É verdade que o plano de marketing ajuda a empresa a saber quem são os clientes potenciais, dispostos a gastar dinheiro com os produtos oferecidos. Entretanto, mesmo que o cliente potencial se adapte ao perfil segmentado, ele pode não se tornar um cliente.

Por isso, para fazer uma venda, o vendedor deve se preparar extensivamente, desenvolver um plano detalhado para a visita ao cliente e executar o plano profissionalmente. Esse atendimento demanda, em primeiro lugar, o conhecimento de quem é o cliente.

A fim de atingir essa finalidade, seja esse cliente *business-to-business* (B2B), *business-to-consumer* (B2C) ou de serviços, é fundamental, primeiramente, ter clareza das diferenças entre os diferentes consumidores, já que o processo da venda se constitui, basicamente, em torno deles: localizá-los, abordá-los, persuadi-los e concretizar a venda (Chiavenato, 2005).

O B2B (negócios para negócios), em geral, diz respeito a vendas que uma empresa faz para outra empresa, podendo ser para consumo, para revenda ou como insumo. Já o B2C (negócios para clientes) refere-se às vendas "tradicionais" do varejo realizadas para clientes finais, normalmente pessoas físicas, conforme exposto na Figura 3.1.

Figura 3.1 – **Diferenciação entre B2B e B2C**

B2B		B2C
Vendem produtos ou serviços para **empresas**		Vendem produtos ou serviços ao **consumidor final**
Vendem em **grande escala**		Vendem para **consumo próprio**
Procuram **eficiência**		Querem **promoções e entretenimento**
Querem ser **educados**		Buscam **diversão e satisfação**
Precisam solucionar **necessidades específicas**		Precisam solucionar **necessidades básicas**
Caracteriza-se por **relações longas**		Caracteriza-se por **relações curtas**
Decisões **multinível**		Relações **emocionais**
Poucos clientes, **grande volume de compras**		Muitos clientes, **pequeno volume de compras**
Foco na **logística** e nas **características**		Foco no **desejo** e nos **benefícios**
Objetivos a **longo prazo**		Resultados **rápidos e imediatos**

Perfect Vectors/Shutterstock

Fonte: Parera, 2019, grifo do original.

Além das diferenças destacadas nessa figura, é fundamental para a área de vendas o entendimento de que a compra B2C em geral, por ter foco no consumidor final, é mais esporádica, tem menor *ticket* médio e pode ocorrer por impulso e envolver briga por preço.

Sob essa ótica, orientações recentes de vendas, como consultivas e vendas *enterprise*, acentuam características da venda de relacionamento (ex.: confiança, longo prazo, ênfase nos benefícios etc.). Tais orientações também questionam as díades comprador-vendedor e salientam que a venda e a criação de valor se desdobram ao longo do tempo em sistemas complexos que envolvem muitos atores (Devicentis; Rackam, 1998).

A venda consultiva (cujo foco é o cliente, sendo entendida, portanto, como uma venda B2C) é atribuída a compradores e a processos de compra cada vez mais sofisticados. Ela enfatiza a importância de vendedores que fornecem informações aos compradores, ajudando-os a descobrir e a compreender as próprias necessidades, além de determinar e fornecer soluções adequadas e, muitas vezes, personalizadas. Isso ocorre por meio da realização de tarefas não atribuídas a vendas (ex.: planejamento, análise, preparação de propostas), as quais envolvem pessoal adicional em esforços de vendas. Tais tarefas exigem a conscientização e a participação de atores amplos na criação de valor (ex.: concorrentes e colaboradores de ambas as organizações de compra e venda, atores intra e interfunções etc.) (Devicentis; Rackam, 1998).

A venda voltada para empresas, conhecida como B2B ou *enterprise*, adota e estende os princípios de venda consultiva para enfatizar que os compradores visam se beneficiar do conhecimento e das habilidades de toda a organização. Assim, a venda ressalta o desenvolvimento de interfaces de comprador-vendedor para alavancar os conjuntos de conhecimentos e habilidades de diferentes atores e funções, tanto da venda quanto da organização que compra para criar valor. Portanto, a venda B2B frequentemente resulta em uma integração ainda mais ampla e profunda dos processos de compra e venda do que a venda consultiva, ou B2C (Devicentis; Rackam, 1998).

Além disso, o B2C também resulta em maior conscientização e participação de um maior número de atores envolvidos na criação de valor, em virtude dos numerosos recursos inter-organizacionais envolvidos. Consequentemente, qualquer ator individual ou indivíduo que ocupe qualquer função tem capacidade limitada para iniciar e manter um relacionamento corporativo. Já as negociações B2B costumam ser de compras maiores (tanto em volume quanto em valor), mais frequentes e com foco maior na confiança no vendedor do que no preço.

No relacionamento com os clientes, no mercado B2C, o contato com o consumidor é menos frequente e mais escasso, com duração curta, enquanto no mercado B2B a proximidade e a complexidade são maiores, e o contato tende a ser de duração maior.

Imagine, por exemplo, o relacionamento de um vendedor de carro com um cliente. A tendência é que o cliente adquira o veículo, o vendedor realize o pós-venda efetivamente e, só alguns anos depois, quando esse mesmo cliente resolver trocar de carro, eles talvez voltem a conversar sobre uma venda. Já a relação de uma montadora com uma concessionária é de uma venda frequente e constante e requer portanto, maior proximidade e confiança.

Para manter esse relacionamento, principalmente nas indústrias B2B, o vendedor precisa conhecer profundamente as necessidades do cliente e agregar um valor especial ao seu negócio, compreendendo profundamente o mercado em que está inserido e o perfil do cliente potencial. Como consequência desse esforço, as recompensas para as empresas que se dedicam aos seus clientes, nesse mercado, são imensas.

Considere como um exemplo de venda corporativa as soluções da Amazon para pequenos negócios. A partir de 2017, tais soluções passaram a incluir o acesso a uma plataforma de *e-commerce* completa, bem como a serviços vastos (ex.: atendimento ao cliente, atendimento multicanal, empréstimos e informações) que integram amplamente a organização com esse canal por meio de um conjunto de conhecimentos e bases de habilidades.

Existem, ainda, outros importantes tipos de vendas: C2C, B2E e B2G. A sigla C2C se refere a *consumer-to-consumer* (consumidor para consumidor), que é, basicamente, o comércio entre consumidores em geral intermediados por *sites* como Ebay e MercadoLivre. Esse tipo de negócio se expandiu muito e atualmente se vende quase de tudo por esses canais (Di Bonifácio, 2016).

Já a sigla B2E diz respeito a *business-to-employee* (empresa para o funcionário) e refere-se ao caso em que a venda tem como consumidor final o próprio colaborador da empresa. Essa venda se diferencia, basicamente, pelas condições comerciais, as quais tendem a ser mais vantajosas, por se tratar de um funcionário da empresa (Di Bonifácio, 2016).

Por último, mas não menos importante, a venda B2G é a venda *business-to-government* (transações entre empresas e governos). O exemplo mais comum desse tipo de venda são as licitações (Di Bonifácio, 2016).

3.1.1 Abordagem conforme o perfil do cliente

Com base nesse mapeamento do setor e do perfil de clientes, a força de vendas deve ser construída e treinada para realizar a abordagem mais apropriada.

Nesse sentido, técnicas de abordagem podem ser aprendidas, mas um bom estudo do mercado já fará toda a diferença, porque encurtará caminhos e evitará a rejeição automática que costuma acontecer quando uma abordagem errada é utilizada.

Além disso, não existem duas pessoas de vendas iguais e, ao longo do tempo, os profissionais de vendas desenvolvem técnicas e métodos até encontrarem aquelas que funcionam melhor para eles.

É importante destacar, também, que não há uma única abordagem correta. A personalidade e a experiência do profissional, assim como o perfil dos produtos e dos clientes, determinarão quais tipos de abordagem de vendas devem ser usados.

Tendo em vista o exposto, na sequência apresentamos os tipos de abordagens considerados mais relevantes e que se aplicam a todos os contextos.

Vendedor de soluções

O vendedor de soluções precisa primeiramente ser um ouvinte atento, e não somente ouvir a linguagem falada, mas também a linguagem corporal e as entrelinhas da comunicação do cliente.

Quando se trata de escolher o produto ou serviço certo, em geral os compradores enfrentam dúvidas para escolher aquele que atenda às suas necessidades ou, até mesmo, para comprar um presente perfeito para alguém especial. Saber fazer as perguntas certas pode ajudar o próprio cliente a refletir sobre suas necessidades.

Afinal, o que é realmente importante para o cliente? Imagine que você está atendendo uma família que busca encontrar uma escola para seu primeiro filho. Na primeira visita, os pais não sabem ao certo o que procurar. Assim, termos técnicos, tais como *educação construtivista* ou *tradicional*, podem não ajudar muito, certo? Para facilitar esse caminho, é possível recorrer a algumas perguntas que ajudem a entender os valores da família, o estilo de vida dos pais, o tipo de formação que eles valorizam, a opção pela preparação para o vestibular ou para empreender, entre outros aspectos. A ideia é buscar pistas para captar as necessidades do cliente e oferecer a melhor solução.

A mesma estratégia também é válida para produtos. Imagine alguém que está comprando uma batedeira. Que tipo de eletrodoméstico dessa natureza você recomendaria? Perguntas que ajudem a compreender se a pessoa cozinha com frequência, se o *design* é importante, se o produto ficará exposto em uma bancada ou guardado no armário são importantes para saber indicar o produto ideal para aquele consumidor. Parece bobagem, mas muitos eletrodomésticos atualmente são usados praticamente como peças de decoração. Existem batedeiras que custam mais de R$ 2.000,00 e não são compradas só por pessoas que amam cozinha e valorizam os atributos técnicos do produto, mas também por quem valoriza o *design* e a imagem de sofisticação que o produto passará ao ficar exposto na bancada da casa.

Por isso, para fazer a pergunta certa, é preciso conhecer muito sobre o mercado e o cliente.

A abordagem do "amigão"

Uma abordagem extremamente perigosa é a chamada "do amigão" e só pode ser realizada por pessoas de vendas que são naturalmente calorosas e amigáveis. Baseia-se na noção de que as pessoas fazem negócios com pessoas de quem gostam. Mostrar interesse no cliente e tentar se conectar em um nível emocional é o cerne dessa abordagem.

Logo, ela deve ser usada adequadamente para ser efetiva. No entanto, o vendedor deve ser genuíno, pois há um risco muito grande de perder a confiança do cliente, caso ele perceba que a abordagem amigável não é natural.

> ### A abordagem do guru

Para pessoas que fazem vendas mais lógicas e racionais do que calorosas e amigáveis, a abordagem do guru pode ser melhor. Ela também é ideal ao lidar com clientes mais racionais e que não serão influenciados por uma conexão emocional.

Para esse tipo de abordagem, é necessário tornar-se um especialista em tudo relacionado ao campo de trabalho em questão. É preciso posicionar-se como um formador de opinião, um solucionador de problemas e um especialista no assunto com ampla credibilidade.

Esse método, entretanto, requer um compromisso de investimento de tempo significativo. O vendedor deve estar disposto a disponibilizar tempo para se atualizar constantemente sobre tudo o que for relevante em sua indústria, bem como acompanhar notícias, tendências e mudanças.

Contudo, se obtiver sucesso, ele poderá se dar muito bem com essa abordagem. Os clientes confiarão nele e procurarão obter conselhos e recomendações. Suas palavras levarão segurança aos clientes, e as vendas acontecerão naturalmente.

Venda consultiva

A venda consultiva, já abordada anteriormente, é especialmente eficaz nas vendas técnicas. Nesse tipo de venda, os estilos "amigão" e guru se aproximam, além da intenção pela venda de soluções. Sob essa ótica, o vendedor deve investir tempo para construir uma relação de confiança com o cliente, usando sua personalidade e, além disso, criar credibilidade por meio da *expertise* na área, do conhecimento e da experiência. Então, pode-se analisar o problema do cliente e oferecer-lhe uma solução adequada.

Para utilizar esse tipo de abordagem, é preciso ser capaz de fazer conexões emocionais, propor as perguntas certas e ser um especialista nos temas do mercado em que se está atuando. Esse poderá ser o mais valioso de todos os diferentes tipos de abordagens de vendas, se o vendedor souber utilizá-lo adequadamente.

Com as redes sociais, esse tipo de estratégia está se tornando mais viável, pois qualquer profissional pode escrever artigos e postar em redes profissionais, como LinkedIn, participar de fóruns, palestrar em eventos da área, criar vídeos no YouTube... Enfim, se o profissional tiver conteúdo, as oportunidades estarão mais disponíveis do que nunca.

Venda de acordo com a personalidade

Essa categoria engloba diferentes tipos de abordagens de vendas, a depender do tipo de comprador. Primeiro, é necessário identificar o tipo de personalidade de um comprador e, depois, adaptar as estratégias para combinar com as necessidades dele. Por exemplo, um tipo amigável de comprador pode ser hesitante quando se trata de tomada de decisão e precisar de mais argumentos e confiança para fechar um negócio. Por outro lado, um cliente que já tenha certo preconceito com vendedores exigirá mais provas de credibilidade, além de mais tempo para a construção da confiança.

E não há uma única abordagem correta. A personalidade e a experiência do profissional, assim como o perfil de seus produtos e clientes, determinarão quais tipos de abordagem de vendas devem ser usados.

É importante experimentar alguns desses diferentes tipos de abordagens de vendas e reconhecer o que funciona melhor para cada um.

Após definição do tipo de abordagem que o vendedor utilizará, independentemente de qual seja ela, algumas etapas serão sempre fundamentais. Para facilitar seu entendimento, neste livro elas foram divididas em estratégia, que se refere à pré-abordagem; e execução, a abordagem propriamente dita. A seguir, identificamos o que deve ser feito em cada etapa, considerando que você já atua ou vai atuar na área de vendas.

› **Estratégia**

   › Identifique seu contato: ligue para as empresas e verifique se seu contato trabalha com pedidos e fornecedores em seu campo de atividade. Para vendas individuais, certifique-se de que a pessoa com a qual vai falar é a responsável pela tomada de decisão na empresa.
   › Desenvolva uma lista dos pontos fortes de sua empresa no segmento de mercado dos novos clientes. Faça uma lista das reais necessidades para cada novo cliente e adicione potencialidades que, em sua opinião, poderiam ser apropriadas para o cliente.
   › Para cada novo cliente, prepare uma abordagem estratégica que corresponda às necessidades reais e potenciais com um dos pontos fortes de sua empresa. Por exemplo, se um cliente tiver altos custos de energia e seu produto for excepcionalmente eficiente em consumo de energia, destaque essa vantagem.

› **Execução**

   › Marque a reunião com seu novo cliente potencial. Chegue à localização cedo e de forma adequada para seu segmento. Depois de se apresentar, inicie a reunião perguntando sobre o negócio do cliente, para verificar se a lista de necessidades potenciais está correta.

› Introduza sua empresa como um fornecedor potencial, executando sua estratégia de enfatizar as vantagens que correspondem às necessidades do cliente. Forneça exemplos que demonstrem a capacidade de entrega de sua empresa.

› Conclua a reunião fechando um pedido. Se o cliente não estiver pronto para isso, certifique-se de sair com uma data prevista para o próximo passo, seja o prazo para uma decisão, seja uma data em que você ligará de volta.

› Envie uma nota escrita ao cliente agradecendo pelo tempo disponibilizado e recordando o próximo passo acordado. Em seguida, dê os próximos passos, a menos que tenha ficado claro que o cliente não tem interesse em fazer um pedido.

Com a abordagem correta, a chance de uma venda bem-sucedida será muito maior e mais tangível.

3.2 Venda direta

Uma estratégia de vendas bastante difundida no mercado e que pode se destinar ao consumidor final ou ao B2B é a venda direta. Para entender o mercado de vendas diretas, é importante conhecer um pouco da história desse modelo de vendas.

Assim, nos Quadros 3.1 e 3.2, apresentamos uma sequência de fatos relacionados à venda direta no mundo e no Brasil.

Quadro 3.1 – **Histórico da venda direta no mundo**

1886	Em Nova York, o vendedor de livros em domicílio David McConnell passa a oferecer perfumes como brinde para quem compra seus produtos. Logo percebe que as pessoas compram os livros para ganhar as fragrâncias e decide vender cosméticos de porta em porta.
1887	Com uma equipe de 12 vendedoras, McConnell funda a Perfumes Califórnia.
1897	A Perfumes Califórnia lança seu primeiro catálogo de ofertas, com perfumes e outros produtos de beleza.
Década de 1930	No Japão, por conta de um surto de infecções intestinais que provoca um aumento do índice de mortalidade infantil, o pesquisador Minoru Shirota desenvolve o leite fermentado Yakult, que inibe bactérias nocivas e equilibra a flora intestinal. O produto é distribuído por sistema de entrega domiciliar.
1939	A Perfumes Califórnia, com distribuidores em 40 estados americanos, muda seu nome para Avon.
1946	O engenheiro americano Earl Tupper lança uma linha de utensílios plásticos para cozinha, a Tupperware, e o sistema de reuniões domiciliares.
1959	Os jovens empreendedores Jay Van Andel e Rich DeVos fundam a Amway e desenvolvem o método de oferecer aos vendedores condições de montar a própria rede de negócio na distribuição de uma variada linha de produtos.
1963	A texana Mary Kay Ash funda a empresa que leva seu nome, com o objetivo de estimular mulheres a montar o próprio negócio.

Fonte: Elaborado com base em Portal Multinível, 2018.

Quadro 3.2 – Histórico da venda direta no Brasil

1942	A empresa brasileira Hermes começa a desenvolver no país o conceito de venda direta, por meio do reembolso postal.
1959	A Avon inaugura sua fábrica em São Paulo. Sua primeira produção foi o batom Fashion, na cor Clear Red.
1966	A Yakult desembarca no Brasil, apresentando seu sistema de vendas aos consumidores locais.
1968	A Yakult constrói uma fábrica em São Bernardo do Campo.
1969	Com um laboratório para produzir cosméticos e uma pequena loja em São Paulo, é criada a Natura.
1974	A Natura inicia o sistema de venda direta, o ponto de partida para o crescimento da empresa.
1976	A Tupperware chega ao Brasil com seu método de reuniões domiciliares.
1980	A Natura entra no mercado de maquiagem e perfumaria e inicia operações no Chile.

Fonte: Elaborado com base em Multinível Plus, 2016.

Com o sucesso da venda direta no Brasil, em 1990 aportam em território nacional empresas como Amway, Nature's Sunshine, Herbalife, Mary Kay e Fibrative.

Mas, afinal de contas, o que é venda direta? Quando pensamos em venda direta, a primeira coisa que vem à mente são as revistinhas da Avon e da Natura, não é mesmo?

Contudo, a venda direta é muito mais do que isso. De acordo com a Associação Brasileira de Empresas de Vendas Diretas (Abevd), "a venda direta é um sistema de comercialização de bens de consumo e serviços baseado no contato pessoal entre vendedores e compradores, fora de um estabelecimento comercial fixo" (Abevd, 2012). No Brasil, essa venda ocupa a quarta posição no *ranking* da World Federation of Direct Selling Associations (WFDSA), atrás apenas de Estados Unidos, Japão e China (Abevd, 2012).

A categoria de cosméticos, perfumaria e higiene pessoal é líder em termos de volume de negócios no segmento de venda direta (representa 26% do total do mercado brasileiro, como indica a Figura 3.2).

Figura 3.2 – *Venda de produtos de beleza e cuidado pessoal, em %*

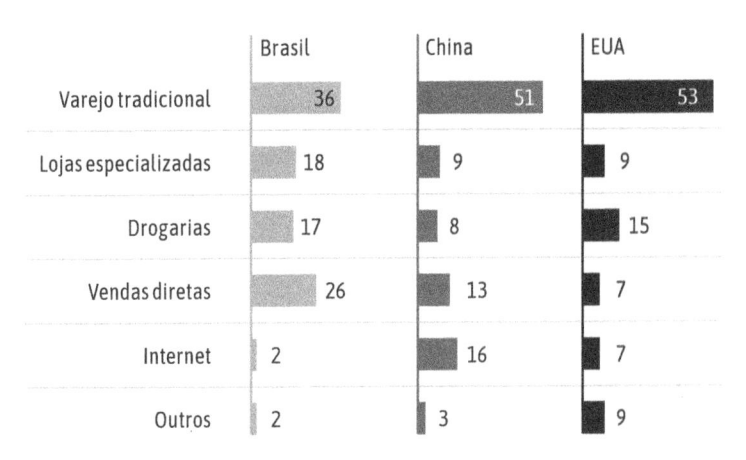

	Brasil	China	EUA
Varejo tradicional	36	51	53
Lojas especializadas	18	9	9
Drogarias	17	8	15
Vendas diretas	26	13	7
Internet	2	16	7
Outros	2	3	9

Fonte: Abevd, 2017b.

Outros segmentos, no entanto, têm conquistado cada vez mais representatividade na venda direta (Abevd, 2017a):

› vestuário – 11,8%
› acessórios – 10,3%
› alimentos – 6,6%
› cuidados da casa – 6,1%
› utilidades domésticas – 4,6%
› livros, brinquedos, CDs, DVDs, *softwares*, *games* – 4,1%
› telefonia, internet, TV por assinatura – 3,3%
› serviços de reforma da casa – 3,3%
› produtos financeiros – 2,7%
› vinhos, comida congelada – 2,3%
› outros – 4,4%

Também de acordo com a Abevd (2019), os formatos mais comuns de venda direta são:

› **Porta a porta**: envolve contato pessoal; o vendedor atende ao consumidor no local de trabalho ou na residência do cliente, para demonstrar e vender os produtos.
› **Catálogo**: primeiramente, o vendedor deixa disponível o catálogo ou qualquer outro material de comunicação na casa do consumidor e, depois, retorna para formalizar o pedido.
› ***Party plan***: o vendedor realiza um evento, como um café da tarde, na residência de um consumidor, para que ele reúna amigos interessados na compra.

Além disso, consideramos importante destacar que, no contexto da venda direta, os revendedores podem lucrar de duas maneiras:

1. **Sistema mononível**: o produto é comprado pelo vendedor e revendido com uma margem de lucro média de 30%.
2. **Sistema multinível**: o revendedor que indicar outros revendedores ganhará, além da margem de lucro, um percentual de vendas, aumentando, assim, os lucros.

Agora, você deve estar pensando: Mas, na era tecnológica em que vivemos, o que será da venda direta?

Na contramão de países como China e Estados Unidos, nos quais a venda *on-line* é mais importante que a venda porta a porta, no Brasil a modalidade de venda direta ainda é mais forte do que a venda digital. Pesquisas do Euromonitor Research (2018) mostram que 26% das vendas do setor de beleza são feitas por revendedores diretos no Brasil (Abevd, 2017b). Com base nesses dados, gigantes do setor estão adaptando a rota e revendo seus canais de venda.

O setor de vendas diretas foi responsável por movimentar mais de R$ 20 bilhões apenas nos primeiros seis meses de 2017 em todo o país. Segundo a presidente executiva da Abevd, Valéria Rossi, essa tendência pode fortalecer o mercado. A representatividade e os bons resultados do modelo de negócio têm chamado a atenção de empresas de segmentos não tradicionais nesse sistema (Abevd, 2017c).

Na disputa pelo poder de mercado, a indústria e o varejo alternam papéis. Enquanto, de um lado, o varejo atua cada vez mais fortemente em marcas próprias, buscando criar diferencial e aumentar a margem, de outro, o varejo está vendendo direto para o consumidor.

A Contém 1g, por exemplo, iniciou uma estratégia de venda direta multinível com vista a aumentar sua participação no mercado e driblar a crise no formato de franquias, que, por depender de um investimento alto por parte do revendedor, demora muito para começar a dar retorno. Sob essa ótica, de acordo com Joelma Francisco da Silva, gerente de expansão da rede, "O momento pedia outro canal de venda, no sentido de agregar faturamento, e até para ajudar a ultrapassar o momento de recessão no varejo" (Abevd, 2017b).

Atualmente, a Contém 1g dispõe de um time de mais de 12 mil revendedores, e o novo canal de vendas já representa cerca de 50% do faturamento total da empresa (Abevd, 2017b). O Boticário, a maior empresa de franquias do Brasil, também se rendeu à venda direta, e sua venda porta a porta já representa muito mais em seu faturamento do que seu *e-commerce* (Terra, 2019).

A venda porta a porta é muito mais do que uma relação puramente econômica entre os envolvidos. A possibilidade de uma interação pessoal entre o vendedor e o cliente gera um vínculo emocional. Além disso, existem vantagens para os revendedores, como horário flexível, perspectivas de abrir novos contatos e possibilidades de incremento de renda.

3.3 **Venda digital**

Em tempos de tecnologia e de mundo digital, não podemos tratar apenas de venda direta. No título de um artigo de Steve Dennis para a revista *Forbes*, "O fim do comércio eletrônico? Hoje em dia, é apenas comércio"[a], o autor faz uma crítica ao

---

a   No original: *"The End of E-Commerce? These Days, It's All Just Commerce"*.

furor que ainda é causado ao se falar em comércio eletrônico como algo distinto do comércio em geral (Dennis, 2017).

Em 2016, o relatório *Webshoppers* mostrou que o comércio eletrônico no Brasil cresceu 7,4% em relação ao anterior, faturando R$ 44,4 bilhões (G1, 2017). A esse respeito, observe o Gráfico 3.1, com a previsão do aumento das vendas de *e-commerce* no Brasil até 2021.

Gráfico 3.1 – *Vendas no e-commerce varejista no Brasil*

Deve crescer em média 12,4% ao ano até 2021, voltando a acelerar já no próximo ano

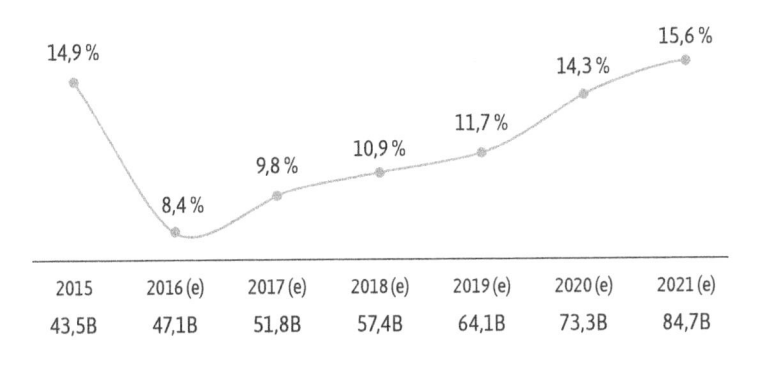

2015	2016 (e)	2017 (e)	2018 (e)	2019 (e)	2020 (e)	2021 (e)
14,9%	8,4%	9,8%	10,9%	11,7%	14,3%	15,6%
43,5B	47,1B	51,8B	57,4B	64,1B	73,3B	84,7B

Fonte: E-Commerce Brasil, 2016.

Diante do crescimento rápido e exponencial das vendas *on-line*, pode parecer absurdo dizer que a era do comércio eletrônico está chegando ao fim. Na verdade, o que está errado é separar o comércio do eletrônico e isolar as estatísticas das transações digitais dos dados das vendas das lojas físicas. Para os consumidores, é simplesmente "comércio", e os varejistas que querem prosperar, ou sobreviver, precisam adotar completamente uma estratégia de marca *omnichannel*.

Omnichannel é uma palavrinha complicada, mas seu conceito é muito simples do ponto de vista do consumidor, afinal, nada pode ser pior do que comprar um produto na loja física, chegar em casa e receber uma promoção da loja *on-line* da mesma marca, pela metade do preço. Na cabeça do consumidor, não existe a Loja X e a Loja X *on-line*. Ele compra na Loja X e espera receber o mesmo tratamento, poder trocar os produtos em qualquer um dos canais e pagar pelo mesmo preço.

Nos últimos eventos de *e-commerce*, os palestrantes não reforçam mais o papel das lojas virtuais como um conceito autônomo. Em vez disso, a importância da loja física é reforçada por gerar experiência ao cliente. Além disso, a maioria dos provedores de tecnologia já oferece soluções ancoradas na integração ou na alavancagem dos canais *on-line/off-line*, e não na otimização do comércio eletrônico, como era no passado recente.

O discurso apocalíptico sobre o fim das lojas físicas já começa a perder força. No entanto, apesar de ser um fato que o varejo físico precisa ser diferente, ele decididamente não está morto.

Uma tendência que deixa claro que esse é o caminho diz respeito às lojas que nasceram digitais e começaram a fazer o caminho inverso, inaugurando lojas físicas para ter contato com o consumidor. Alguns exemplos são lojas como a Amazon, que já possui lojas físicas, e a Amaro, uma loja digital de roupas e acessórios de moda que trouxe um conceito de *guide shop*, lojas localizadas em *shopping centers* em que não é possível levar o produto na hora. Nelas, o cliente pode experimentar, trocar ou retirar produtos, mas, se quiser comprar, deverá efetivar a compra *on-line* e receber em casa ou retirar na loja.

Para Marlus Belles (2018),

> A chegada do *e-commerce* está sem dúvidas alterando a área de vendas, pois ele trouxe o poder instantâneo do gerenciamento dos preços dos produtos para a ponta dos dedos do consumidor, com o acionar do "Alt+Tab" ou nos *smartphones*, o que chamou a atenção por poder buscar as melhores negociações de forma rápida e mais rentável. As empresas tradicionais que trabalhavam apenas com os canais diretos e indiretos de vendas tiveram que entender rapidamente a mecânica e entrar neste mercado para não ficar para trás. A capacidade de gerenciamento dos preços para os consumidores finais está sem dúvida fortalecendo e desenvolvendo ainda mais esse modelo de negócio. No entanto, toda a experiência ainda está em processo de amadurecimento, pois nem todo poder de decisão está atrelado apenas a preço, mas sim à experiência de modo integral, que avalia também todo o processo de logística de entrega e de pós-venda dos produtos. Se uma empresa conseguir a excelência desde a captação do cliente no *e-commerce*, a melhor oferta, emissão do pedido, entrega e pós-venda, ela pode imaginar que conseguiu fidelizar um cliente. Bobagem! Ela apenas executou uma venda! Na próxima necessidade desse mesmo cliente, ele vai percorrer todo o mesmo caminho, e por um centavo, um dia a menos de entrega ou uma condição de pagamento diferenciada, ele poderá mudar de *site* e optar por outro fornecedor. Esse exemplo me faz acreditar que não haverá

substituição de vendedores pela tecnologia, pois ainda há público que prefere o atendimento, tem a necessidade tátil de experiência com um produto antes de adquirir.

Segundo dados do varejo, os melhores clientes de uma marca são aqueles que compram e/ou são fortemente influenciados por um conjunto de ações, tanto no canal físico quanto no digital. A abertura de novas unidades de lojas físicas aumenta o comércio eletrônico na região próxima a determinada loja, assim como o fechamento de uma loja física muitas vezes leva a declínios dramáticos na compra *on-line*. Tudo é apenas um comércio.

A esse respeito, acompanhe o seguinte exemplo, retirado de uma matéria publicada por Larissa Gargaro (2016):

> Fundada há quatro anos por Dominique Oliver Schweingruber [...] a Amaro nasceu com o propósito de se estabelecer sem esbarrar nas problemáticas que já são padrão no mercado de varejo, como custos fixos de loja. Oferecendo uma moda no modelo fast-fashion, a marca tem preços até 15% mais baixos que concorrentes como a Zara, por exemplo. Do design à fabricação, passando pelo marketing e comunicação, tudo é feito no Brasil. "Nosso negócio é direct to consumer. Não há atacadistas, distribuidores, franquias, mercadorias que ficam paradas. É uma integração completamente vertical, da criação do produto até a entrega na casa do cliente" [...]. O diferencial buscado pela Amaro, no entanto, é justamente buscar fortalecimento no mundo além-Internet para se estabelecer como plataforma digital. "A gente acredita muito no off-line para a criação de marca. O online fica muito mais poderoso se estiver aliado a ele" [...]. Na prática,

isso significa a criação de uma série de Guide Shops, como são chamadas as lojas conceito da marca, que permitem que as clientes tenham experiências que estimulam os cinco sentidos e mergulhem no DNA da Amaro [...].

"Para nós, os Guide Shops são como publicidade [...]. Eu acredito que todos os shoppings e lojas de rua premium vão se tornar ferramenta de mídia. Não somente para ter faturamento nestes lugares, mas também para que eles funcionem como um outdoor de experiência. Isso acaba sendo mais valioso que ter banners nas redes sociais".

(Gargaro, 2016)

Entretanto, nada disso anula o fato de que uma porcentagem significativa de compras ocorre de forma puramente digital (particularmente, *download* de livros, músicas e jogos). A Amazon, por exemplo, conseguiu um rápido crescimento no varejo, mesmo sem ter uma loja física, que lhe garantiu um valor de *share* de mercado (participação em um mercado ou segmento; neste caso, o varejo) de quase 5%. Ainda, é essencial perceber que não deve ser uma batalha *on-line versus off-line*, mas um trabalho em conjunto entre *on-line* e *off-line* para oferecer o melhor serviço ao cliente.

Enquanto a atenção continua voltada para o B2C, destacamos também o *e-commerce* B2B (empresas que vendem para outras empresas), que já é um dos maiores geradores de receitas em todo o mundo, conforme exposto no Gráfico 3.2.

Gráfico 3.2 – *Estimativa de crescimento B2C*

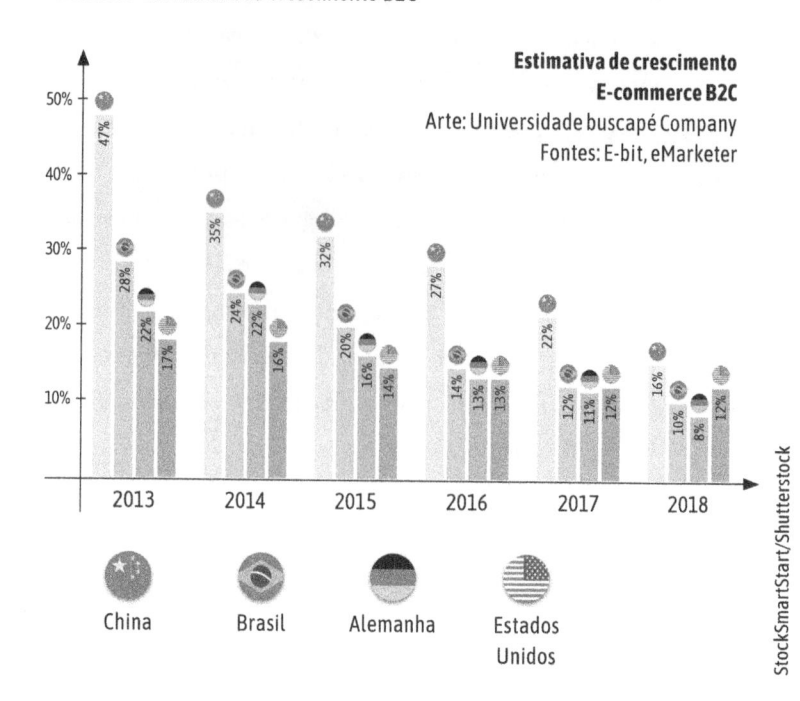

Estimativa de crescimento E-commerce B2C
Arte: Universidade buscapé Company
Fontes: E-bit, eMarketer

	2013	2014	2015	2016	2017	2018
China	47%	35%	32%	27%	22%	16%
Brasil	28%	24%	20%	14%	12%	10%
Alemanha	22%	22%	16%	13%	11%	8%
Estados Unidos	17%	16%	14%	13%	12%	12%

Fonte: VM2, 2019.

Grandes *players* como Alibaba e Amazon já entraram nesse jogo e, com seu grande poder de investimento, conseguiram fazer o mercado crescer rapidamente.

Seja no B2C, seja no B2B, o elo final são os seres humanos, cujas expectativas são formadas em todas as suas relações de consumo. E, se as pessoas já estão acostumadas a fazer suas compras pessoais *on-line*, é de se imaginar que busquem repetir esse formato nas compras corporativas. Por isso, especificações bem detalhadas e boas descrições de produtos são igualmente fundamentais.

No portal B2B da Amazon[b], por exemplo, a empresa já oferece frete grátis, com prazo de entrega de dois dias para compras com valor acima de 50 dólares. Além disso, a página já conta com os famosos *reviews*, isto é, as avaliações de clientes.

A expectativa é que, em 2020, o mercado mundial de *e-commerce* seja duas vezes maior do que o mercado de vendas *on-line* B2C, com um faturamento global girando em torno de U$ 6,7 trilhões *versus* U$ 3,2 trilhões. A expectativa é que a China, a casa da Alibaba, seja o maior mercado *on-line*, com U$ 2,1 trilhões em vendas digitais em 2020, liderança que já é chinesa no mercado B2C (Mendes, 2015).

Na terra da Amazon, os Estados Unidos, o *e-commerce* B2B já é duas vezes maior do que o B2C. A estimativa é que o mercado B2B ultrapasse os U$ 780 bilhões, com uma participação de 9,3%. Esse resultado é reflexo da demanda das empresas por custos menores e do perfil do consumidor, cada vez mais digital (Mendes, 2015).

Os consumidores B2B também se beneficiam da abordagem *self-service*, automatizada para as transações *on-line*. De acordo com a Forrester Research, 7,3% é a média da taxa de conversão de um *site* de *e-commerce* B2B, contra uma média de 3% para os varejistas *on-line* B2C (Mendes, 2015).

Mas, depois da venda encerrada, seja física, seja digital, como seguir o relacionamento entre vendedor e cliente? Esse será o tema da próxima seção.

---

[b] O portal pode ser acessado pelo seguinte endereço eletrônico: <https://services.amazon.com/amazon-business.html>. Acesso em: 15 out. 2019.

3.4 Relacionamento com o cliente

A concretização de uma venda não constitui o fim do relacionamento com o cliente. Pelo contrário, ela marca seu início, e a etapa que segue implica conhecer o cliente para, com base nisso, concretizar vendas bem-sucedidas.

Desde a década de 1970, pesquisadores e profissionais têm cada vez mais reconhecido a importância da venda de relacionamentos, pois ela enfatiza os papéis dos vendedores no desenvolvimento e na manutenção de relações com compradores para benefícios mútuos a longo prazo (Bradford; Weitz, 1999).

Dessa forma, a venda deve ser vista como mais do que uma série de lutas que o vendedor deve ganhar. Trata-se de uma batalha constante por clientes, visando, além da venda propriamente dita, à criação de relacionamentos, envolvendo parcerias e vantagens recíprocas (Jolson, 2013).

Portanto, podemos enxergar com maior clareza que a área de vendas vem se aprimorando e aprofundando a visão em relação ao cliente, ultrapassando a barreira da simples venda e enxergando também um potencial de relacionamento, de modo a criar confiança e tornar o cliente um propagador da marca por meio de diversas ações, das quais trataremos a seguir.

3.4.1 Atendimento pós-venda

Ao se despedir de seus amigos, a maioria das pessoas termina seus encontros manifestando sentimentos expressos em frases como "mantenha contato", "vamos fazer isso novamente" e "me ligue em algum momento na próxima semana". Uma venda deve seguir um caminho similar. Vendedores nunca devem se contentar com um aperto de mão sem um próximo passo previsto. Por quê? As empresas bem-sucedidas de hoje não apenas vendem; elas criam relacionamentos com seus clientes.

No longo prazo, clientes e empresas são beneficiados por esse relacionamento. Enquanto os clientes obtêm valor extra com serviços e produtos com um bom serviço de pós-venda, a empresa cria um exército de embaixadores da marca, composto por vozes confiáveis que podem fornecer *feedback* sobre novos produtos, serviços, iniciativas e muito mais.

Além de resolver eventuais problemas existentes, essa prática ajuda a identificar os futuros requisitos e atualizações no produto, que pode ser melhorado e construído de acordo com as necessidades dos clientes.

Uma empresa com visão estratégica, em que o pós-venda é visto como mais do que um centro de custos, tem uma fonte poderosíssima de informações ao seu dispor. Assim, ao reagir rapidamente, ela pode identificar produtos problemáticos no mercado, no intuito de evitar maiores danos financeiros à marca, tratando preventivamente eventuais problemas, como defeitos de produtos, contaminações no caso de alimentos, *recall* etc. Logo, em vez de se concentrar na gestão dos clientes, ela se concentra principalmente na melhoria da experiência do cliente por meio do engajamento.

Simplificadamente, o pós-venda pode ser entendido como a prática que entra em vigor uma vez que um produto é vendido. O cliente sempre busca ajuda para obter os melhores resultados de um produto em que ele investiu dinheiro. Para isso, ele precisa de uma equipe de pós-venda que vai cadastrar, ajudar e criar ações que lhe assegurem a permanência, o que pode gerar vendas repetidas.

Ao mesmo tempo que esse é um processo que pode criar um vínculo de longo prazo com o cliente, se for praticado erroneamente, poderá destruir a reputação da marca e, com efeito, fazê-la perder o cliente para sempre.

Ao contrário do que reza a crença popular, manter contato com os clientes não é apenas um benefício para a empresa; serve também para o bem dos clientes. Dessa forma, há muitas maneiras de atendê-los adequadamente depois de uma venda, ajudando-os a obter continuamente o máximo do serviço ou produto.

Sob essa ótica, a seguir, apresentamos alguns destaques de pós-vendas.

Cartões

Apesar da tendência de a comunicação ser cada vez mais digital, uma correspondência física é sempre uma forte ferramenta de marketing. Além de colocar sua marca nas mãos e no lar do cliente, também serve como um lembrete físico da empresa. Por isso, é importante escrever cuidadosamente a mensagem do cartão. Não demore muito para enviar a comunicação após a venda e sempre reforce que você está disponível. Esse processo pode até ser automatizado.

Qualidade e embalagem diferenciada

Os varejistas atuais estão capitalizando a preocupação ambiental de seus clientes e transformando suas sacolas de compras em reutilizáveis, que os clientes podem reaproveitar em diversas situações. Investir em embalagens de qualidade, bem caprichadas e diferenciadas é uma ótima maneira de fornecer serviço pós-venda, pois isso beneficia o cliente e a marca.

Cupons

Você acabou de concluir uma venda? Por que não gerar outra? Dependendo de sua oferta de produtos ou serviços, estender um cupom a um cliente recém-convertido como um sinal de gratidão poderá fazer exatamente isso. Se uma segunda compra não faz sentido para os clientes, considere incentivá-los a comprar seu produto ou serviço como um presente, por meio do cupom que você lhes está apresentando. Ou considere fornecer um cupom que incentive o destinatário a dar um presente a um amigo, familiar ou vizinho. Ambas as opções fornecem valor tangível pós-venda.

Chamada de telefone pessoal

Caso seja aplicável, ligue para seus clientes no prazo de trinta dias após a venda. Não ligue para gerar vendas adicionais ou pedir referências; simplesmente pergunte como seu produto ou serviço está funcionando e verifique se há algo de que eles precisam. Esse simples toque humano pode fortalecer a fidelidade de um cliente. Se eles não atenderem ou não tiverem tempo para conversar, basta deixar uma mensagem informal mencionando que você aprecia o interesse em seus produtos e serviços e que está disponível para dirimir quaisquer dúvidas.

Tutoriais

Talvez seu produto seja complexo e difícil de usar ou tenha alguns atributos frequentemente subutilizados. Por isso, considere criar ou hospedar um tutorial, algo que adicione valor tangível ao produto. Um tutorial não só coloca sua marca de volta no radar de seus clientes, mas também oferece um serviço pós-venda único e interativo.

Um exemplo interessante de ação de pós-venda bem-sucedida é o caso da empresa Unilever (Duarte, 2012):

> A ação de pós-venda da Unilever com a consumidora Mariana Ferreira a impactou de forma positiva.
> Segundo a cliente, ela reclamou através de um e-mail para Unilever a respeito de um defeito na válvula de um desodorante deles e prontamente foi atendida, de maneira personalizada.
> A Unilever solicitou uma série de informações sobre o produto e o valor que eu havia pago. Pediram alguns dados pessoais e 07 dias depois a empresa [...] enviou um cartão de crédito com o valor do desodorante.
> Segundo a cliente, os e-mails foram muito atenciosos e respondidos com agilidade. Esta abordagem de atendimento deve servir como exemplo para muitas empresas online ou offline que, após a venda, esquecem dos seus consumidores não oferecendo qualquer serviço de pós-venda.
> Mariana ficou plenamente satisfeita com o atendimento e a empresa atingiu seu objetivo, fidelizou mais um cliente.

Com esse exemplo, fica ainda mais evidente o quanto uma ação pós-venda bem-feita impacta diretamente a satisfação do consumidor e reforça que a venda não termina quando o cliente adquire/recebe o produto afinal. Assim como Mariana se tornou uma consumidora fiel da Unilever, as empresas podem aproveitar seus consumidores para transformá-los em futuros clientes e propagadores da marca.

3.4.1.1 Assistência técnica como pós-venda

Você sabia que a assistência técnica também é um tipo de pós-venda, ainda pouco visto pelas empresas, mas fundamental para a manutenção do relacionamento com o cliente?

Assistência técnica, ou suporte técnico, é o serviço que oferece assistência tecnológica, material e intelectual para os clientes de uma empresa, com vista a solucionar dúvidas ou problemas relacionados ao produto adquirido. O objetivo da assistência, em síntese, é resolver o problema do cliente e mostrar que está com ele para o que ele precisar. É considerada uma importante função do vendedor para manter a qualidade e a confiança do comprador no vendedor, já que cada vez mais o consumidor percebe o serviço de assistência técnica como parte do atributo do produto, que auxilia (ou não) na satisfação.

Segundo a Associação Brasileira das Entidades Representativas e Empresas de Serviço Autorizado em Eletroeletrônicos (Abrasa), que representa 11 mil assistências técnicas em todo o país, em 2016 houve um aumento de 28% nos reparos de eletroeletrônicos em comparação com o ano anterior (Costa, 2016).

Apesar de sua importância, são cada vez mais recorrentes os problemas com assistência técnica, principalmente no mundo digital em que vivemos, no qual as possibilidades de queixas são maiores. Assim, as principais razões que levam às reclamações dos clientes são as seguintes, de acordo com Marchetti (2011):

› demora no atendimento e longa espera;
› atendentes insensíveis e sem interesse em entender o que o cliente busca;
› ausência de controle emocional para resolver situações de conflito;
› postura inadequada dos funcionários que têm contato com os clientes;
› promessas que não podem ser cumpridas.

É importante esclarecer que mesmo relações de insatisfação podem se tornar satisfatórias, desde que as empresas prestem um serviço positivo posterior às reclamações.

Nesse sentido, apresentamos algumas dicas para o sucesso da implementação de um bom serviço de pós-venda (Carvalhais; Patto, 2007):

› estar sempre aberto para ouvir o cliente, compreender seus problemas e, assim, atendê-lo com respeito;
› conhecer e divulgar os produtos e todas as formas de assistência técnica, para que os funcionários saibam informar os clientes;
› contratar fornecedores aptos a prestar serviços de qualidade e que auxiliem na manutenção do relacionamento com o cliente;

› criar canais de comunicação que facilitem o contato do cliente com a empresa para solicitar o serviço de pós-vendas;
› ter estoque de peças de reposição para atender às demandas de troca do cliente;
› dar retorno rápido ao cliente, com o devido diagnóstico do problema e a solução e mantê-lo informado sobre o processo de reparo.

A realização de uma assistência técnica eficiente e que atenda às expectativas do consumidor (ou as supere) é uma excelente estratégia de fidelização do cliente e, portanto, é fundamental para a área de vendas.

3.4.2 *Customer Relationship Management (CRM)*

Uma das principais ferramentas de conhecimento do consumidor e de criação e manutenção de relacionamento é o *Customer Relationship Management* (CRM), que pode ser visto como uma estratégia para entender o consumidor, ou seja, como o processo de adquirir, reter e fidelizar consumidores, criando valor para a empresa.

Em síntese, trata-se de um banco de dados com informações sobre os clientes que precisa ser suficientemente detalhado, para que os vendedores e também os responsáveis pelo marketing saibam quem são os clientes da empresa e como conversar com eles. Com isso, torna-se possível maximizar a lucratividade dos clientes para a empresa e, também, mantê-los leais.

O uso do CRM na área de vendas é uma nova tendência no mercado, principalmente nas áreas comerciais e de marketing, por ajudar a tornar o funil de vendas mais automático. Isso contribui para otimizar os processos e o controle pelo gestor, uma vez que ele utiliza uma única plataforma. Destacamos, ainda, a importância de as informações ficarem todas armazenadas na nuvem de forma segura e com fácil acesso (Agência WCK, 2017).

Observe, na Figura 3.3, um modelo de estratégia CRM, para conhecer suas características.

Figura 3.3 – **Modelo de estratégia CRM**

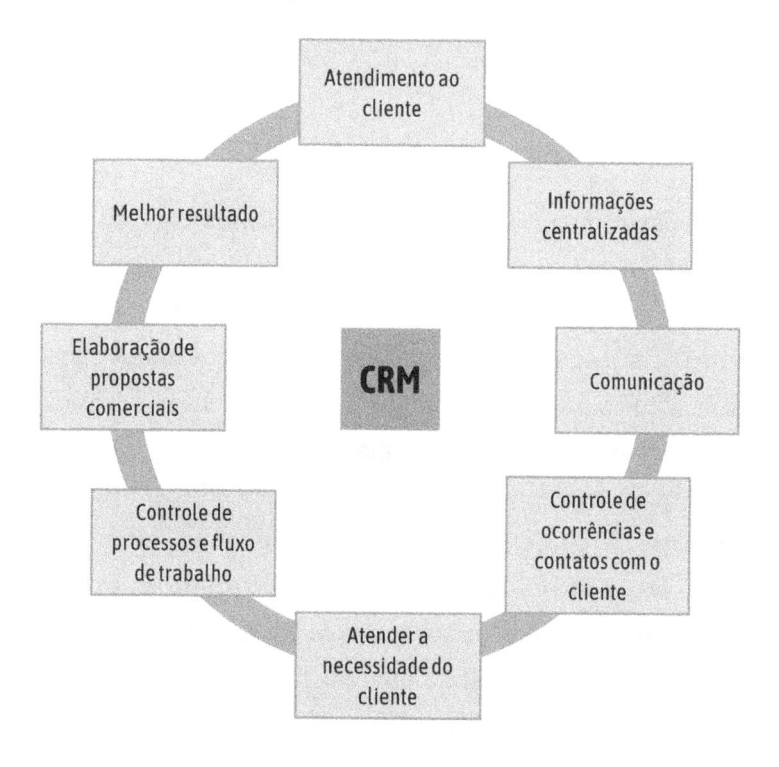

Fonte: Acom Sistemas, 2019.

Como principais vantagens de um CRM de vendas, podemos citar as seguintes:

> Administração dos dados dos leads;
> Armazenamento de informações em nuvem;
> Cruzamento de dados com outras ferramentas, como as de automação de marketing;
> Pipeline de vendas claro e prático;
> Lembrete das atividades que precisam ser realizadas;
> Mensuração de desempenho por meio de indicadores;
> Aumento de produtividade de vendas e garantir os resultados. (Agência WCK, 2017)

Essa ferramenta é formada, principalmente, pelas seguintes etapas:

› **Automação do processo de vendas**: armazenagem em uma mesma base de dados de fácil acesso para a equipe de vendas, com as principais informações sobre consumidores, negociações, produtos e concorrência.

› **Suporte e serviço ao cliente**: acompanhamento, monitoramento e controle dos retornos recebidos de clientes, sempre visando às melhorias.

› **Serviço de campo**: uso da ferramenta CRM pela equipe de vendas do campo, comunicando-se diretamente com o serviço de atendimento ao consumidor (SAC).

› **Automação do marketing**: uso de informações sobre os hábitos dos consumidores, para que as campanhas de marketing sejam efetivas e customizadas, realizando-se vendas adicionais para os consumidores atuais e atraindo-se novos clientes.

Neste livro, consideramos a ferramenta CRM como a principal estratégia competitiva das empresas, em razão de seu foco nos consumidores. Ao identificarem e tratarem de forma inteligente as informações que ela disponibiliza, os gestores terão à disposição o *status* da realidade do mercado em que atuam, podendo, assim, tomar melhores decisões, não calcadas nas próprias experiências, mas nos dados obtidos diretamente com os clientes.

O tratamento e o uso das informações dos clientes com o auxílio do sistema CRM podem ser vistos como fontes de vantagem competitiva, pois também contribuem para despertar a necessidade de mudança das empresas para poderem continuamente atender de forma satisfatória os seus clientes, de modo que possam posicionar-se à frente dos concorrentes.

3.4.3 Outras estratégias

Se o gestor for capaz de criar uma experiência que impressiona os clientes, ele colocará sua equipe de vendas em uma posição privilegiada para aumentar o valor deles, já que clientes surpreendidos estão mais sensibilizados para serem impactados por algumas estratégias de vendas, tais como as apresentadas a seguir:

› **Venda cruzada de produtos e serviços**: empresas com ofertas de produtos ou serviços diversificados provavelmente veem oportunidades de vendas complementares. Quando alguém compra um novo *smartphone*, por exemplo, costuma comprar também uma capa, fones de ouvido ou uma série de outros acessórios para aprimorar sua experiência com o produto. O que você pode combinar com uma venda para enriquecer a experiência de seu cliente com o produto/serviço que você oferece?

› *Upsell* **(mais garantias e serviços especiais)**: o *upselling* pode conter uma conotação negativa. Porém, quando é visto como uma venda complementar, esse complemento para um produto ou serviço significa, principalmente, garantia de que a experiência do cliente seja positiva. Além disso, considere produtos complementares como garantias estendidas, serviços de manutenção especiais e outros programas que, novamente, criem uma melhor experiência geral para o cliente.

› **Novos produtos e serviços**: os clientes passados e atuais devem ser os primeiros a conhecer os novos lançamentos de produtos e serviços. Afinal, esse grupo de consumidores é seu embaixador e um veículo mais capaz de proporcionar-lhe novos negócios. Honre-os informando-os e observando como eles se envolvem com sua marca.

› **Programa de fidelização de clientes**: você oferece vantagens ou recompensas para seus clientes mais fiéis? Os programas de fidelização de clientes não são novos, mas são extremamente eficazes, ao manterem o compromisso entre a marca e o comprador, ao mesmo tempo que estimulam as vendas. Se você ainda não tem um programa dessa natureza em sua empresa, faça um *brainstorm* sobre as maneiras pelas quais você poderia iniciar um programa desse tipo e identifique de que forma isso poderia ajudar tanto seus clientes quanto sua equipe comercial.

Destacamos, também, os famosos *reviews* ou avaliações dos clientes. Você percebe que o serviço pós-venda é muito semelhante aos *reviews*?

Pedir que os clientes avaliem seu produto ou serviço e recompensar aqueles que indicam seu negócio para os amigos e em suas redes sociais é a etapa final do serviço pós-venda. Os programas de indicação são uma grande oportunidade para aumentar sua rede de clientes. Por isso, considere estabelecer um programa de avaliação e indicação com recompensas. Fornecer cartões de presente, descontos ou *tickets* de cinema para quem faz uma indicação mostra que sua empresa valoriza o cliente, ao mesmo tempo que reforça sua fidelidade em relação a ele.

Ao buscar boas avaliações e indicações, tenha em mente o seguinte: você não quer ser agressivo ou chato. Então, ao pedir uma avaliação e/ou indicação, não se concentre na indicação em si, mas no valor de sua oferta de produtos ou serviços e no modo como isso poderia beneficiar outros consumidores.

Lembre-se de que os clientes geralmente seguem instruções. Se você pedir que avaliem seu negócio ou que compartilhem com amigos, familiares ou colegas de trabalho, tenha certeza de que muitos farão de bom grado. Logo, ofereça instruções claras e fáceis de seguir, ou seja, que não exijam muito esforço do cliente.

Dessa forma, é importante ser criativo, isto é, utilizar maneiras inovadoras e estratégicas para recompensar os clientes por suas indicações. Não existe uma sugestão de recompensa que funcione para qualquer negócio. Então, assegure-se de que sua ideia está adequada às necessidades e aos desejos dos clientes, juntamente com sua estratégia de vendas.

Síntese

Neste capítulo, apresentamos as diferenças entre os mercados B2B e B2C, explicando quem são os clientes de cada um e as diferentes abordagens para fazer uma venda de sucesso. Complementando, detalhamos a estratégia prévia da abordagem e mencionamos algumas dicas e sugestões para auxiliar no caminho de uma venda bem-sucedida.

Na sequência, tratamos da estratégia de venda direta, descrevendo seu histórico e explicando seu significado e a grande representatividade dessa venda no Brasil, assim como seus formatos mais comuns: porta a porta, catálogo e *party plan*.

Em seguida, detalhamos a importância da venda digital no mundo tecnológico em que vivemos, esclarecendo quem são os clientes desse meio e mostrando estratégias de sucesso. Destacamos também o atendimento pós-venda e a assistência técnica nessa etapa, assunto muitas vezes esquecido pelas empresas, mas de grande relevância para uma gestão de vendas eficiente.

Finalizamos o capítulo explorando outras estratégias diferenciadas para a gestão de vendas, como o *upselling* e os *reviews*.

Com uma visão bastante ampla sobre a gestão de vendas, depois de explorarmos os conceitos relacionados a vendas, força de vendas e diferentes clientes e formas de vender, no próximo capítulo apresentaremos a área de marketing e as tendências do mercado.

Questões para revisão

1. Assinale a alternativa que apresenta corretamente o que é venda B2B e o que é venda B2C:

    a) B2B é a venda digital, e B2C é a venda entre pessoas físicas.
    b) B2B é a venda entre pessoas físicas, e B2C é a venda entre empresas.
    c) B2B é a venda entre pessoas e empresas, e B2C é a venda entre pessoas físicas.
    d) B2B é a venda para organizações não governamentais (ONGs), e B2C é a venda de pessoa física para empresa.
    e) B2B é a venda para empresas, e B2C é a venda para órgãos do governo.

2. O que é CRM?

    a) Uma ferramenta de marketing para promover novos produtos.
    b) Um banco de dados com informações sobre os clientes para auxiliar nas estratégias de vendas.
    c) Uma ferramenta logística para controle de estoque e de vendas.
    d) Um *software* para gerenciamento das metas da equipe de vendas.
    e) Uma ferramenta utilizada pelo departamento financeiro para a gestão dos recebíveis.

3. Quais são as três principais formas de venda direta destacadas neste capítulo?

a) Porta a porta, catálogo e *party plan*.
b) Porta a porta, cupom promocional e prospecção telefônica.
c) Catálogo, envio de *e-mails* e contato nas redes sociais.
d) Mala direta, cupom promocional e atendimento pós-venda.
e) Contato nas redes sociais, *e-mail* marketing e mala direta.

4. Por que é importante conhecer o cliente?
5. Quais são as principais etapas da ferramenta CRM?

Questões para reflexão

1. Pensando sobre as diferentes abordagens de vendas apresentadas neste capítulo e também outras que você conhece, quais você acredita serem as mais eficazes e por quais motivos?
2. Com as redes sociais, em que os *reviews* e o contato do consumidor *on-line* são cada vez mais frequentes, como a área de vendas pode auxiliar a minimizar os índices de insatisfação dos consumidores e evitar reclamações?
3. Você acredita que o CRM pode ser uma importante ferramenta de diferencial competitivo das empresas? Por quê?
4. Avaliando as principais diferenças entre produtos e serviços, você considera que as vendas de um e de outro são distintas? Em caso positivo, qual abordagem poderia ser adotada para cada um? Em caso negativo, você entende que uma mesma abordagem seria eficaz? Por qual razão?

4

**Tendências para
um futuro próximo**

Conteúdos do capítulo:

> Tendências futuras direta e indiretamente relacionadas à área de vendas.
> Importância da área de marketing e sua relação com a área de vendas.
> Principais tendências da área comercial.

Após o estudo deste capítulo, você será capaz de:

1. entender o que é a área de marketing e sua importância para a área de vendas;
2. compreender as principais tendências da área comercial, com destaque para o uso do LinkedIn;
3. ampliar a visão sobre as tendências de marketing e sua utilização para alcançar o sucesso da venda.

NESTE CAPÍTULO, TRATAREMOS DA ÁREA DE MARKETING, considerando que ela é de extrema importância para a área de vendas. Também abordaremos as principais tendências das áreas comercial e de marketing.

Por fim, a importância fundamental dessa área e das novas tendências será reforçada com a apresentação de um estudo de caso sobre um vendedor de doces que ganhou milhões e atualmente dá palestras para grandes empresas.

4.1 Marketing e vendas

Enquanto a área de vendas ainda é pouco explorada pela academia, a área de marketing, na maioria das vezes analisada por meio de um conjunto de diferentes ciências (administração, psicologia etc.), é considerada uma disciplina complexa e apresenta bastante estudos a seu respeito.

E por que, em um livro sobre vendas, estamos abordando a temática do marketing? A resposta é bastante simples: a atividade de vender não é isolada e, para alcançar o sucesso, faz-se necessária uma estratégia de marketing bem elaborada que inclua os 4 Ps já explicados neste livro.

Sob essa ótica, nas palavras de Chiavenato (2005, p. 4): "Vender não constitui uma ação isolada ou separada das demais atividades da organização. A venda faz parte integrante de um conjunto maior a que denominamos marketing". Nesse sentido, observe a Figura 4.1, que se refere a um modelo de estratégia de marketing que segue atual até os dias de hoje.

Figura 4.1 – **Modelo de estratégia de marketing**

```
        ┌─────────────────────────┐
        │ Objetivos estratégicos  │      Definição de
        └─────────────────────────┘      objetivos
                    │
        ┌─────────────────────────┐
        │ Objetivos de marketing  │      Foco do marketing
        └─────────────────────────┘
                    │
        ┌─────────────────────────┐      Conhecimento do
        │   Pesquisa e análise    │      mercado e do cliente
        │       de mercado        │
        └─────────────────────────┘
                    │
    ┌───────────────────────────────────┐
    │ Composto de marketing (marketing mix) │
    └───────────────────────────────────┘
      │       │         │         │         │
   ┌──────┐ ┌─────┐ ┌─────────┐ ┌──────────┐ ┌──────┐
   │Produto││Preço││Promoção e││Distribuição││Venda │
   │      ││     ││propaganda││  (place)   ││      │
   └──────┘ └─────┘ └─────────┘ └──────────┘ └──────┘
```

Fonte: Chiavenato, 2005, p. 189.

Mas, para falar sobre marketing, é necessário entender o que ele significa. Marketing é a área orientada para a satisfação dos desejos e das necessidades dos consumidores (Kotler; Keller, 2012). E quais são essas necessidades?

Abraham H. Maslow, um dos primeiros autores a refletir sobre as necessidades das pessoas sob essa ótica, criou, em meados da década de 1970, a famosa pirâmide de Maslow, ou hierarquia das necessidades de Maslow.

Como você pode ver na Figura 4.2, a pirâmide de Maslow determina quais são as condições mínimas para que uma pessoa se sinta satisfeita pessoal e profissionalmente. A busca por essa satisfação ocorre porque todos querem encontrar a plena autorrealização.

Figura 4.2 – **Pirâmide de Maslow**

Realização pessoal	moralidade, criatividade, espontaneidade, solução de problemas, ausência de preconceito, aceitação dos fatos
Estima	autoestima, confiança, conquista, respeito dos outros, respeito aos outros
Amor/relacionamento	amizade, família, intimidade sexual
Segurança	segurança do corpo, do emprego, de recursos, da moralidade, da família, da saúde, da propriedade
Fisiologia	respiração, comida, água, sexo, sono, homeostase, excreção

Fonte: Kotler; Keller, 2012, p. 174.

Sem dúvida, as necessidades de Maslow se aplicam até os dias atuais. Porém, como você deve imaginar, os seres humanos fazem muitas coisas para alcançar resultados que não estão contemplados nessa pirâmide; esses são os desejos. Uma necessidade é aquilo de que dependemos para sobreviver, ao passo que um desejo é uma expectativa de alcançar ou possuir algo.

E é nessa busca por atender às necessidades e aos desejos que o marketing se concentra, tendo o poder de criar necessidades e mudar comportamentos com o objetivo de atrair o maior número possível de consumidores (Kotler; Keller, 2012).

Nos últimos anos, a economia passou de uma abordagem orientada para a fabricação para uma orientada para o mercado ou para o marketing. No contexto atual, o consumidor é bombardeado por um número sem fim de ofertas. Não é mais possível projetar um produto tendo em mente somente o ponto de vista do fabricante. Nos dias de hoje, o desenvolvimento de produtos deve pesquisar profundamente as necessidades do público-alvo e desenvolver soluções para os consumidores.

E o que isso tem a ver com a equipe de vendas? Tudo! Tais mudanças também impactam a forma como devem ser desenhadas as estruturas comercial, de vendas, de marketing e de promoção de vendas.

Apesar do aumento da complexidade desse cenário, o lado positivo é que as funções de marketing se tornaram mais relevantes. Em uma realidade em que o mercado era orientado para o fabricante, as funções de vendas de marketing tinham como principal função impulsionar as vendas. Contudo, na orientação para o mercado, marketing e vendas precisam conhecer o mercado e atender às demandas de produtos e serviços.

Essas mudanças também afetam a forma como o gerente concebe as estruturas comercial, de marketing, de vendas e de promoções de produtos ou serviços. No entanto, isso não significa que impulsionar as vendas deixou de ser importante. Não podemos nos esquecer de que a principal função de vendas é gerar resultado para a empresa e que esse resultado passa pelo incremento de vendas.

A grande diferença, portanto, está na importância da identificação da demanda para viabilizar a oferta do produto e do serviço certos. Sob essa orientação estratégica, todos os aspectos do negócio devem ser integrados, e todas as áreas da empresa precisam ser mobilizadas para a satisfação do cliente.

Dessa forma, pesquisa de marketing, planejamento de portfólio de produtos e serviços, previsão de vendas, publicidade, modelos de incentivo, distribuição, análise de desempenho de vendas, monitoramento e controle são ferramentas essenciais para a gestão de vendas.

A utilização dessas ferramentas sinaliza claramente uma transição estratégica de uma abordagem voltada somente para a produção de resultados de vendas para uma voltada também para a análise, o que evidencia uma integração com a área de vendas. Isso também chama a atenção para a importância da integração entre as áreas de marketing e de vendas, já que, quanto mais as duas atuarem em parceria, melhor será para empresa.

Quando uma organização trabalha orientada para o mercado, a venda pessoal desempenha um papel fundamental, e os gerentes devem aplicar todos os seus esforços para garantir o desenvolvimento das equipes de vendas.

Um exemplo já antigo, mas ainda bem interessante de estratégia de lançamento de produto desenvolvido para atender a uma demanda de mercado, é o da Ajinomoto, ao lançar a sopa Vono. A categoria de sopas estava vivendo um momento de estagnação quando, em 2005, surgiram as sopas em embalagens individuais: as sopas Vono.

Em 2005, no mercado de sopas desidratadas, também conhecidas como "sopas de saquinho", os líderes de mercado – Nestlé, com a Maggi, e Unilever, com a Knorr – estavam tranquilos e reinavam absolutos há anos, sendo reconhecidos pelos consumidores por oferecerem sopas em embalagens para a família.

A Qualimax havia lançado anteriormente sopas de porções individuais, ocupando um pedaço de um território ainda não explorado pelos gigantes ou, em outras palavras, criando um novo mercado. No momento de entrar no mesmo mercado de sopas, a Ajinomoto optou por não enfrentar os líderes e enxergou a possibilidade de aproveitar o nicho encontrado pela Qualimax. A estratégia foi vencedora.

De acordo com a agência Race Comunicação (2019), em dez anos a marca Vono duplicou a movimentação do segmento de sopas individuais, que passou de R$ 34 milhões em 2004 para R$ 70 milhões em 2015. Em 2015, a marca era líder no segmento de sopas instantâneas individuais, com 76% de *market share* e 79% de *brand awareness*.

Esse lançamento considerou que o consumo individual é uma das principais características da sociedade atual, em que existe um maior número de indivíduos que moram sozinhos e para os quais a praticidade é a lei na hora de preparar as refeições. Assim, uma caneca de sopa surgiu como uma alternativa para as frutas e os biscoitos, aumentando as vendas dessa categoria.

4.2 Tendências da área comercial

O setor de vendas, que inclui as áreas e atividades comerciais da empresa, é afetado diretamente pelas mudanças de mercado, de comportamento do consumidor e, claro, da concorrência. Diante desse contexto, destacamos a importância de conhecer as tendências dessa área para poder partir na frente da concorrência e chegar mais perto do consumidor, afinal, este é um dos principais objetivos da área vendas.

4.2.1 LinkedIn como ferramenta para potencializar as vendas

A área de vendas é sempre objeto de pesquisa e de análise, tanto em situações de crise quanto nas de bonança. Segundo Carolina Cabral, gerente de recrutamento da Robert Half (citada por Loureiro, 2017), "Há demanda em todos os níveis, desde o vendedor porta a porta até o diretor comercial".

Cerca de 1,1 milhão de vagas na área de vendas deixaram de existir no Estados Unidos entre 2006 e 2010, em virtude da recessão econômica. Porém, mesmo após essa crise, a profissão de vendedor se manteve como a segunda maior desse país, e a previsão de crescimento da área segue constante. Isso fica evidente porque, mesmo com o crescimento do *e-commerce*, o número de postos de trabalho nesse setor aumenta a cada ano (Pink, 2013).

É importante destacar que os clientes atuais nasceram no ambiente digital e estão bastante acostumados a ele, o que os torna mais exigentes, pois estão sempre conectados e buscando informações digitalmente.

Na discussão sobre a importância dos vendedores, não podemos dizer que eles estão perdendo terreno por conta da complexidade do mercado atual, porque os mercados sempre foram complexos. No entanto, ocorreu uma mudança na infraestrutura (ou seja, nas formas como os agentes de mercado alinham suas expectativas para a troca de serviços). Nesse sentido, avanços tecnológicos, como a internet, estão facilitando o envolvimento de um número maior de atores na venda.

Considere as vendas no varejo, por exemplo. Em vez de confiarem no conselho dos vendedores quando estão fazendo uma compra, muitos consumidores agora consultam *on-line* revisões para avaliar produtos e serviços. Assim, um trabalho em que vendedores eram tradicionalmente envolvidos agora pode ser frequentemente realizado por numerosos atores de vendas, incluindo aqueles que descrevem produtos ou serviços e como eles se encaixam nos contextos em que são usados (como blogueiros e influenciadores, em geral).

Assim, os vendedores profissionais que querem ser bem-sucedidos no terreno das vendas modernas precisam aceitar que o controle da mensagem sobre o que estão vendendo passou de suas mãos para as dos compradores, digitalmente colaborativos por natureza.

Isso significa que, mais do que nunca, é preciso saber usar ferramentas digitais para vender, a exemplo do LinkedIn, uma das novas ferramentas para o vendedor alcançar seus clientes (Paulillo, 2019a).

Atualmente, com as vendas tecnológicas, a maioria dos consumidores realiza uma pesquisa *on-line* e muitas vezes segue a orientação dos líderes de pensamento e de especialistas no assunto. Certamente, a maior parte das decisões de compra são feitas antes mesmo do contato do vendedor com o cliente *prospect*.

O LinkedIn é a maior rede social profissional do mundo, com cerca de 330 milhões de usuários ativos por mês, e seu objetivo é aumentar o *networking* e os contatos profissionais entre as pessoas. Seu uso é recomendado como um diferencial para o vendedor, que deve utilizá-lo como forma de entender o novo comportamento dos clientes e aproveitar essa rede social repleta de grupos segmentados nos mais variados mercados (Paulillo, 2019a).

A seguir, apresentamos algumas dicas para o melhor uso do LinkedIn como ferramenta de vendas (Malvezi, 2015):

> **Criar um perfil de impacto**: o perfil no LinkedIn representa o canal pelo qual os clientes encontrarão os vendedores. Por isso, ele deve ser bastante detalhado e contar com informações relevantes.

> **Potencializar a rede no LinkedIn**: estabelecer contatos com pessoas diversas, conectar-se a outras redes sociais e, até mesmo, via *e-mail* ajuda a ter uma rede de contatos estruturada e a identificar novas conexões que podem ser *prospects* para negócios futuros.

> **Encontrar grupos para participar**: o LinkedIn é repleto de grupos com os mais diferentes tópicos e segmentos. Porém, é fundamental para o vendedor encontrar aqueles que realmente lhe interessam. Isso significa, em síntese, encontrar os maiores grupos do segmento de atuação do vendedor e participar ativamente deles. Nessa dica, é importante deixar claro que participar de um grupo vai além de se cadastrar nele. É preciso ter uma participação ativa para poder ser visto. Recomenda-se, inclusive, que o vendedor dedique parte de sua rotina de vendas ao LinkedIn e faça de sua presença *on-line* uma constante.

> **Adicionar pessoas ao perfil profissional**: depois de participar ativamente dos grupos mais importantes, é interessante

que o vendedor adicione potenciais *prospects* ao seu perfil profissional.

A escolha dos *prospects* deve ser realizada considerando-se o que o vendedor vê como potenciais consumidores do produto, incluindo aqueles que já o consomem. Esse início de relacionamento é muito importante e, certamente, ajuda a estabelecer uma conexão com o cliente.

Assim, aos poucos, o vendedor e essas pessoas vão se conhecendo. Elas passam a saber mais sobre o trabalho do profissional de vendas e podem estar dispostas a ouvir o que ele tem a dizer. Esse é um passo fundamental para quem quer saber como usar o LinkedIn para vender.

Portanto, o vendedor deve gradualmente passar a se relacionar com potenciais clientes fora dos grupos e a fazer com que essas pessoas o enxerguem como um especialista no assunto.

› **Monitorar sempre**: nas redes sociais, assim como na vida fora do ambiente digital, sempre vai haver rejeição e ausência de retornos. É importante que o vendedor aprenda a lidar com isso sem se deixar abater, sempre atualizando a rede de contatos e os grupos dos quais faz parte.

Com base em tudo o que expusemos sobre a utilização do LinkedIn como ferramenta de vendas, observe a Figura 4.3, que traz um infográfico sobre o perfil dos usuários dessa rede social.

Figura 4.3 – **Infográfico sobre o perfil dos usuários do LinkedIn**

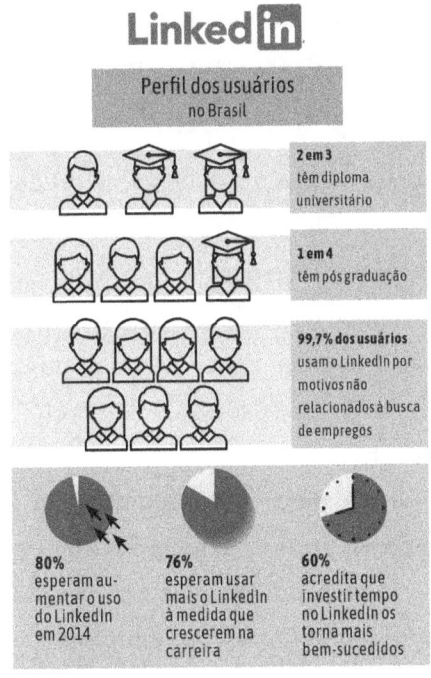

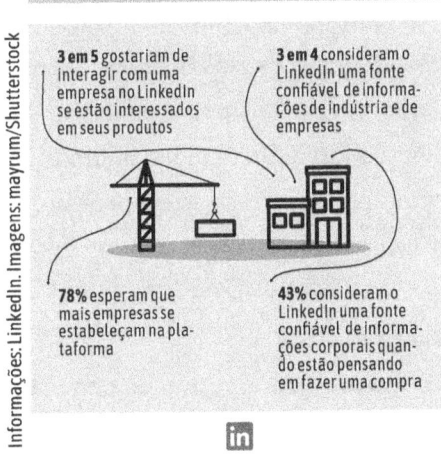

Linked in

Perfil dos usuários no Brasil

2 em 3 têm diploma universitário

1 em 4 têm pós-graduação

99,7% dos usuários usam o LinkedIn por motivos não relacionados à busca de empregos

80% esperam aumentar o uso do LinkedIn em 2014

76% esperam usar mais o LinkedIn à medida que crescerem na carreira

60% acredita que investir tempo no LinkedIn os torna mais bem-sucedidos

3 em 5 gostariam de interagir com uma empresa no LinkedIn se estão interessados em seus produtos

3 em 4 consideram o LinkedIn uma fonte confiável de informações de indústria e de empresas

78% esperam que mais empresas se estabeleçam na plataforma

43% consideram o LinkedIn uma fonte confiável de informações corporais quando estão pensando em fazer uma compra

Informações: LinkedIn. Imagens: mayrum/Shutterstock

Fonte: iMasters, 2014.

Destacamos também outras importantes tendências da área de vendas apontadas por pesquisadores que analisam os comportamentos dos consumidores. São elas:

› **Experiência**: com todas as informações disponíveis, mais do que nunca, o consumidor busca, além de simplesmente comprar um produto ou serviço, ter uma experiência positiva e ser encantado por ela. Isso significa que tanto os produtos quanto o atendimento oferecido pelo vendedor devem ser diferentes e cada vez mais customizados de acordo com as necessidades dos clientes.

› **Growth hacking**: essa tendência diz respeito à otimização das experiências para crescer, como foi feito, por exemplo, pela AirBnb, empresa de aluguel de casas que iniciou sua trajetória utilizando o Craiglist (um famoso classificado imobiliário digital norte-americano) para compartilhar quartos. Para aproveitarem dessa tendência, os vendedores devem ter as mentes abertas e estar sempre dispostos a ouvir e a criar novidades no mercado.

› **Digital**: além do LinkedIn, que detalhamos neste item, é fundamental que a empresa esteja presente no mercado digital, utilizando, por exemplo, a ferramenta Google Ads e redes sociais como Facebook e Twitter, destacando seu nome e seus serviços.

› **Economia sustentável**: em um mundo com cada vez mais escassez de recursos naturais, os consumidores buscam produtos e empresas preocupados com o meio ambiente e que demonstram desenvolver ações benéficas para a sociedade.

A esse respeito, de acordo com Bruno Zanetti, em entrevista realizada para este livro:

> Na área comercial, entendo como uma tendência futura capacitar cada vez mais o time de vendas para a visão 360°, e não pensar apenas no curto prazo do mês. Além disso, é fundamental o desenvolvimento de parcerias de médio e longo prazo, nas quais os objetivos entre clientes e fornecedores sejam realizados em cocriação para proporcionar ganhos na cadeia em que atuam e não perderem a eficiência do *business* apenas em negociações oportunistas de curto prazo. Por último, entendo que a cada dia é fundamental o uso da tecnologia, para que possa gerar controles e geração de dados, pois isso poderá propiciar o melhor entendimento do cliente e das tendências de mercado (atreladas à análise de dados). (Zanetti, 2018)

Zanetti reforça o que já destacamos nesta seção, a respeito da importância fundamental de a área de vendas estar atenta às tendências de mercado, compreendendo como pode aproveitá-las para melhorar suas estratégias. Indo além, podemos também ressaltar o quanto a visão de longo prazo e o acompanhamento da equipe são peças-chaves para o sucesso de qualquer área de vendas e, consequentemente, de qualquer empresa.

4.2.2 *Cargos mais especializados, mais talento e menos ofertas*

Em um cenário em que as empresas oferecem produtos e serviços cada vez mais semelhantes, acirrando a competitividade do mercado, o talento dos funcionários da equipe de vendas se torna mais fundamental a cada dia, e os grandes profissionais tendem a ser cada vez mais disputados pelas empresas. Em paralelo, cargos de menor complexidade começam a ser substituídos, reduzindo a base da pirâmide e ampliando os cargos mais analíticos, como o de planejamento. Ainda, é importante destacar que a redução da base da pirâmide provavelmente ocorre, também, pela mudança na forma como as empresas se relacionam com seus profissionais. Nesse sentido, elas podem, por exemplo, compartilhar a equipe de vendas entre empresas ou contratar uma equipe apenas para um projeto específico (Foursales, 2017).

Nesse contexto, o organograma da área comercial também se torna cada vez mais importante para o sucesso da empresa. Assim, recomenda-se para essa área a existência dos seguintes cargos, ainda pouco presentes no ambiente atual:

> Gerente de *Inbound*.
> Gerente de *Outbound*.
> Gerente de Experiência de consumo.
> Coordenador de Planejamento Comercial.
> Coordenador de Inteligência de mercado.
> Coordenador de Funil de venda.
> Especialista de Geração de leads.
> Especialista de Tratamento de leads.
> Especialista de Parcerias estratégicas.
> Especialista de Geração de conteúdo. (Foursales, 2017)

Tendo em vista a importância do LinkedIn e de outras tendências da área comercial, destacamos que o profissional de vendas mais valorizado no Brasil será aquele com conhecimentos de marketing digital, inteligência de mercado e marketing geral.

Uma boa integração com a área de marketing é sempre fundamental, e a famosa guerra entre essa área e a de vendas está fora de moda! Sob essa ótica, o profissional que busca sinergia e sabe utilizar os recursos de marketing tem muito mais futuro do que aqueles que seguem reclamando e resistindo a essa parceria.

4.3 Tendências da área de marketing

Como evidenciado em diferentes momentos ao longo desta obra, as áreas de marketing e de vendas devem atuar como parceiras nas empresas, com a estratégia de uma impactando e auxiliando diretamente a estratégia da outra. Para tanto, recomendamos a ampliação do conhecimento sobre marketing e, principalmente, sobre suas principais tendências, com o objetivo de que elas se tornem diferenciais competitivos da área de vendas.

4.3.1 E-commerce e m-commerce

Muito se fala sobre o crescimento das vendas *on-line* e de seus impactos no setor de varejo (esse movimento é real e irreversível), e alguns especialistas preveem o desaparecimento quase total das lojas físicas. Entretanto, essas mudanças não devem ser vistas de forma negativa, mas como um mundo de oportunidades para o setor de administração de vendas.

Para entender esse mercado, é importante compreender os fatores que influenciaram a realidade atual e os que determinarão os acontecimentos nos próximos anos. Nesse sentido, de acordo com dados da pesquisa *Webshoppers*, publicada pelo Ebit (2018), 27,4 milhões de consumidores fizeram compras no *e-commerce* no primeiro semestre de 2018, sendo que, desse total, 4,5 milhões compraram pela primeira vez.

Esse mesmo estudo também derruba a visão de que a venda *on-line* é concentrada nas classes A e B. Os números da pesquisa revelam que a classe C representou 36% dos consumidores *on-line* no primeiro semestre de 2018, enquanto as classes D e E somaram 46%. Já as classes A e B, juntas, representaram 18% (Ebit, 2018).

O aumento das vendas por meio de dispositivos móveis demonstra a importância do *m-commerce* (*mobile commerce*), que foi fortemente influenciado pela democratização do acesso à internet. A pesquisa *Webshoppers* (Ebit, 2018) revela que mais de 32% das transações do *e-commerce* foram realizadas por meio de dispositivos móveis no primeiro semestre de 2018, representando um crescimento de 41% em relação ao mesmo período de 2017 (Figura 4.4).

Figura 4.4 – **Dispositivos utilizados para realizar compras na internet**

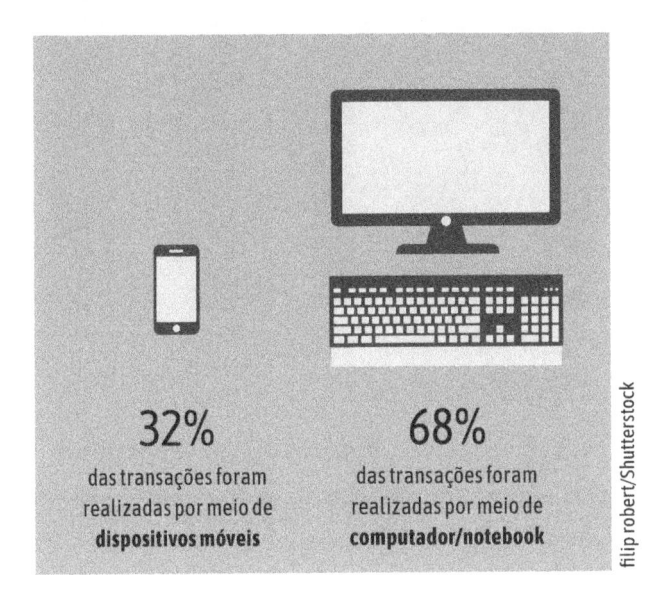

32%
das transações foram realizadas por meio de **dispositivos móveis**

68%
das transações foram realizadas por meio de **computador/notebook**

filip robert/Shutterstock

Fonte: Ebit, 2018, p. 12.

Os números são impressionantes, mas fazem bastante sentido quando se avalia o crescimento exponencial da posse de *smartphones* no Brasil. Segundo dados da Kantar Ibope Media, em 2017 (Magalhães, 2017), os *smartphones* já representavam 73% dos aparelhos no Brasil (Gráfico 4.1).

Gráfico 4.1 – *Posse de smartphone: população (%)*

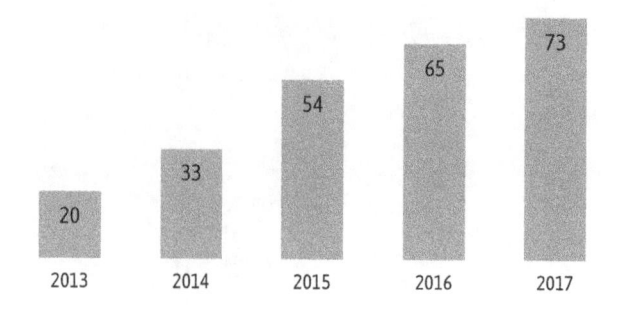

2013	2014	2015	2016	2017
20	33	54	65	73

Fonte: Magalhães, 2017.

E de que forma isso impacta o setor de vendas? É fundamental que os profissionais de vendas fiquem atentos às expressivas movimentações de mercado e estejam aptos a utilizar a tecnologia a favor dos negócios.

O *mobile commerce* vem se tornando cada vez mais relevante. Assim, todo tipo de vendas deve levar em conta a comunicação e as vendas por meio dos dispositivos móveis.

A esse respeito, o Gráfico 4.2 mostra claramente a migração do acesso à internet via *smartphone*, indicando um maior número de usuários conectados o tempo todo e de qualquer lugar.

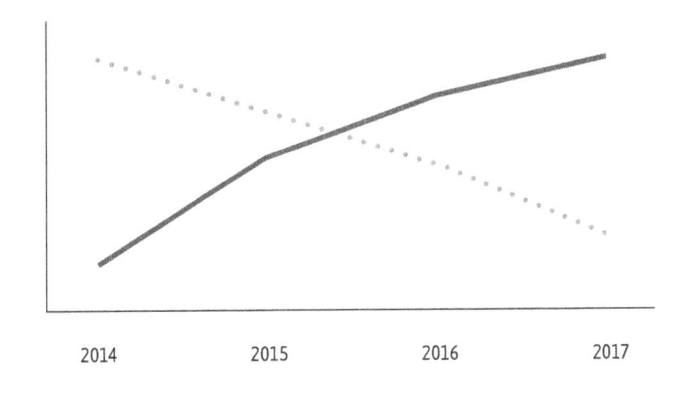

Gráfico 4.2 – *Formas de acesso à web nos últimos anos*

2014	2015	2016	2017

· · · · Acesso à web via computador
▬▬ Acesso à web via smartphone

Fonte: Magalhães, 2017.

Thiago Magalhães (2017), executivo da Kantar Ibope Media, reforça que a velocidade de acesso à tecnologia foi fundamental para permitir o crescimento do *e-commerce*. Para ilustrar essa velocidade, ele destaca que, em 2013, 20% dos brasileiros tinham acesso a *smartphones*, número que chegou a 70% em 2017. A mesma movimentação pode ser vista no crescimento da conectividade à *web*: entre 2011 e 2017, saltou de 49% para 81% entre o público brasileiro, sendo que há 10 anos a presença de banda larga era pouco expressiva (Magalhães, 2017).

Essa afirmação é reforçada pelo Gráfico 4.3, que ilustra a presença única da banda larga entre os anos de 2008 e 2011, passando a cair a partir de 2014. As bandas largas móveis e sob demanda, em contrapartida, entraram no mercado em

2012 e, logo na sequência, iniciaram uma curva de crescimento que segue até os dias atuais.

Gráfico 4.3 – **Conectividade e vídeo sob demanda**

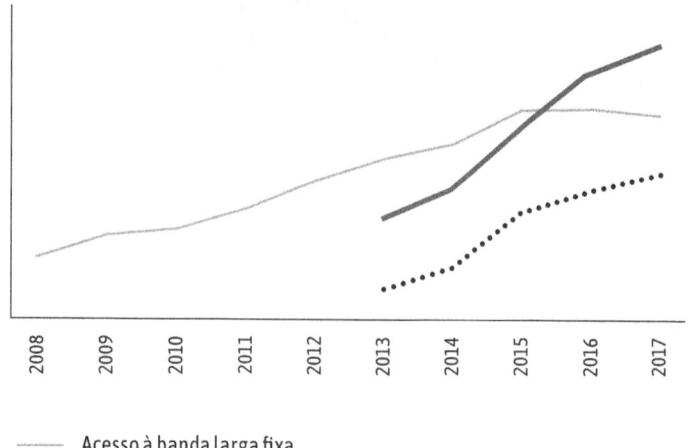

[Gráfico com eixo horizontal de 2008 a 2017]

——— Acesso à banda larga fixa
■■■■■ Acesso à banda larga móvel (início da medição em 2013)
•••••• Consumo de vídeo sob demanda (início da medição em 2013)

Fonte: Magalhães, 2017.

Em um cenário em que o mundo é diretamente impactado pelas novas tecnologias, a área de vendas precisa estar constantemente em atualização e aproveitando o melhor que a tecnologia pode oferecer. Vamos explorar mais esse tema na sequência deste capítulo.

4.3.1.1 *O papel da tecnologia no futuro do consumo*

Toda venda envolve oferta e demanda. Por isso, compreender como a tecnologia vai influenciar o comportamento de consumo nas próximas décadas será um grande diferencial para os profissionais de vendas.

É certo que a era atual sofre o impacto de mudanças rápidas e significativas. Sob essa ótica, as modificações no comportamento do consumidor, em geral, são movidas por transformações nos padrões demográficos, econômicos, sociais ou tecnológicos.

A tecnologia se destacou como um dos principais motores das mudanças da última década, reformulando a maneira de as pessoas se relacionarem, comprarem e viverem, e provavelmente continuará sendo o motor das principais transformações sociais dos próximos 20 anos.

Um estudo desenvolvido pela Euromonitor, uma das mais importantes referências em estudos sobre o mercado, intitulado *Comércio 2040: a tecnologia revolucionária aumentará o engajamento do consumidor*, apresentou as principais tendências que impactarão o consumo nas próximas duas décadas (Gomes, 2018).

É incontestável que a tecnologia acrescenta uma velocidade inimaginável às mudanças, em todos os aspectos. Nesse sentido, o estudo destaca seis grandes vetores que devem estar no radar dos executivos de bens de consumo, varejo e provedores de serviço:

1. entretenimento;
2. casa;
3. lojas;
4. mobilidade;
5. restaurante;
6. consumo em trânsito.

Três temas foram analisados com profundidade no estudo – entretenimento, casa e lojas –, conforme apresentamos a seguir.

Entretenimento

Um estudo da Euromonitor Research (2018) revela que o gasto dos consumidores com experiências deve aumentar de 5,8 trilhões de dólares, em 2016, para 8,0 trilhões, em 2030, considerando-se lazer, recreação, viagens e *food service*. Os consumidores buscarão experiências cada vez mais personalizadas. Logo, as marcas precisarão ter a capacidade de criar experiências adicionais sobre essa camada de entretenimento. Para os varejistas, as oportunidades serão excepcionais, pois eles poderão explorar o consumo de impulso em percentuais inéditos.

Inúmeros fatores estão convergindo para revolucionar a maneira como o entretenimento é consumido. Como um resultado de ampla conectividade e mídia social, os fãs de esportes e de música poderão aproximar-se da ação sem sequer sair de casa. Ao mesmo tempo, os consumidores valorizam cada vez mais as experiências em detrimento do consumo de produtos. Essa tendência beneficia o setor de entretenimento. Assim, o desafio será entregar uma experiência diferenciada, de modo a manter os fãs envolvidos e gerar recompra.

Casa, o melhor ambiente de negócios

Na década de 1990, a visionária Faith Popcorn cunhou o termo *cocooning*, traduzido para o português como "encasulamento", que se refere à tendência de o ser humano se colocar dentro de um "casulo" (em geral, a própria casa) em que se sinta confortável, aquecido e com acesso fácil a tudo.

Essa tendência continua em alta e ganhou contornos provavelmente impensáveis à época de sua criação.

No estudo da Euromonitor, de 2018, esse fenômeno continua ganhando força. A casa se torna cada vez mais um espaço valorizado e considerado como um santuário. A conectividade minimiza a necessidade de deslocamento para quase todo tipo de consumo e, com a evolução tecnológica, os consumidores terão cada vez menos razões para sair de casa.

Michelle Evans, *head global* de pesquisa sobre o consumidor digital da Euromonitor International, afirma que mais de 200 milhões de assistentes de voz, como Google Home e Alexa, serão vendidos já em 2023 (SBVC, 2018). Os assistentes virtuais integrados a outros dispositivos proporcionarão uma vida mais fácil e prática.

Compras automáticas e pré-programadas trazem riscos e oportunidades para os negócios, mas, em contrapartida, significam mais oportunidades de fidelização e, também, maior dificuldade para conquistar novos clientes fidelizados pela conveniência de suas escolhas já estabelecidas.

Assim, surge o modelo de consumo passivo, por meio do qual alguns setores do comércio podem se tornar quase totalmente automatizados. Um exemplo de segmento que poderá ser fortemente impactado por essa tendência é o de produtos de limpeza.

Vendas *on-line* versus lojas físicas

As vendas *on-line* continuarão progredindo em uma velocidade muito maior do que as vendas nas lojas físicas. A grande motivação para visitar um ponto de venda físico será a possibilidade da experimentação, o que já é uma realidade, pois 47% dos clientes conectados afirmam já visitar as lojas para testar um produto e realizar a compra *on-line* posteriormente (CNDL, 2017).

Nessa direção, o papel da loja física será cada vez menos transacional e mais um canal de relacionamento com o consumidor, proporcionando entretenimento e experiências positivas, por meio de recursos de realidades virtual e aumentada. A ideia é que a integração seja cada vez mais fluida, eliminando a distinção entre canais, porque o que vale para o consumidor é o relacionamento com a marca.

As lojas físicas continuarão existindo, mas *checkouts* e caixas tenderão a desaparecer, uma vez que sistemas de compras integrados a dispositivos cumprirão esse papel. Muitas vezes, o "clique e retire" estará disponível em boxes individuais que serão oferecidos aos clientes, os quais poderão coletar suas encomendas usando recursos biométricos.

Essa realidade já está muito mais próxima do que pode parecer. Em Paris, o Grupo Casino, que comanda no Brasil a bandeira Pão de Açúcar, já inaugurou uma loja sem *checkouts*. A loja oferece alimentos prontos, adega, produtos do *e-commerce* e uma área de *coworking*.

A nova realidade do comércio está justamente no poder dos dados, o tão discutido *big data*. Com as novas leis de proteção, os consumidores decidirão quais dados poderão ser usados e com que finalidade. As regulamentações sobre a privacidade de dados trarão um poder ainda maior para eles.

4.3.2 Big data: *dados são o novo petróleo*

Ao pensarmos na tradução literal de *big data*, podemos imaginar algo como "grandes dados", associando o tema apenas à grande quantidade de dados disponíveis para análise. Contudo, o termo é um pouco mais abrangente e tem como base os 3 Vs. Mas o que são os 3 Vs do *big data*?

O primeiro se refere ao **volume**, que está relacionado à grande quantidade de dados dentro e fora da empresa; o segundo diz respeito à **velocidade**, pois a cada segundo muitos novos dados são criados na internet, sendo que alguns deles podem ser interessantes para as empresas; o terceiro e último está relacionado à **variedade**, pois um dado pode ser um compartilhamento de um texto em uma rede social, um *post* em um *blog*, um *review* em um *e-commerce* (Tarifa, 2019).

Com as vastas quantidades de dados disponíveis, quase todas as indústrias estão focadas na exploração de informações para obter vantagem competitiva. O volume e a variedade de dados superaram muito a capacidade de análise manual e, em alguns casos, excederam a capacidade de bancos de dados convencionais.

Ao mesmo tempo, os computadores se tornaram muito mais poderosos, a rede se faz onipresente, e algoritmos foram desenvolvidos para conectar conjuntos de dados e permitir amplas e profundas análises. A convergência desses fenômenos deu origem à crescente disseminação da aplicação comercial da ciência de dados.

4.3.3 Inteligência artificial e chatbots

Na era tecnológica em que vivemos, em que celulares, *tablets* e *notebooks* fazem diretamente parte de nossa vida – e muitas vezes não nos imaginamos sem eles –, é fundamental que as empresas, suas estratégias e culturas se adéquem a essa nova realidade. Nesse contexto, a área de vendas, afetada pelas mudanças de comportamento dos consumidores, também precisa se adaptar e, mais do que isso, aproveitar essas novas tecnologias para melhorar suas estratégias, criar diferenciais competitivos e aumentar o faturamento. A esse respeito, Di Fiore (2018) afirma:

> Não há dúvidas de que o *big data* e a IA vão trazer importantes avanços para a área da administração, em especial no que diz respeito à capacidade de tomar decisões com mais informações. Contudo, certas decisões – particularmente aquelas relacionadas à estratégia, inovação e *marketing* – tendem a continuar exigindo a participação de seres humanos, que podem ter uma visão holística e fazer uma avaliação qualitativa com base em considerações pessoais de contextos e fatos. Aliás, até o momento, não há nenhuma IA que seja plenamente capaz de levar em conta os contextos emocional, humano e político necessários à automatização de decisões.

De acordo com Wilson e Daugherty (2018), em artigo publicado na *Harvard Business Review*, a inteligência artificial está executando diversos trabalhos humanos com bastante qualidade, como o diagnóstico de doenças, a tradução de línguas e o fornecimento de atendimento ao cliente. Isso está aumentando as discussões sobre como a inteligência artificial substituirá os humanos. Porém, na realidade, o mais provável é que o papel dessa tecnologia complemente e aumente as capacidades humanas, em vez de as substituir (Wilson; Daugherty, 2018).

Certamente, muitas empresas usam a inteligência artificial para automatizar processos, mas aquelas que a implantam com o objetivo único de reduzir funcionários obterão apenas ganhos de produtividade a curto prazo. Na pesquisa dos autores, a qual envolveu 1.500 empresas, foi descoberto que as empresas alcançam as mais significativas melhorias de desempenho quando os seres humanos e as máquinas trabalham em conjunto. Essa colaboração entre inteligência humana e artificial aumenta ativamente os pontos fortes complementares entre ambas, quais sejam: a liderança, o trabalho em equipe, a criatividade e as habilidades sociais dos humanos, bem como a velocidade, a escalabilidade e as capacidades da inteligência artificial.

Nesse sentido, o que é natural para as pessoas (contar uma piada, por exemplo) pode ser extremamente complicado para máquinas, e o que é simples para estas (como analisar *gigabytes* de dados) permanece praticamente impossível para os humanos. Assim, os negócios precisam dos dois tipos de capacidades (Wilson; Daugherty, 2018).

Para aproveitarem ao máximo essa colaboração, as empresas precisam entender como os seres humanos podem efetivamente melhorar as máquinas, de que forma elas podem aprimorar o que os humanos fazem de melhor e como redesenhar os processos de negócios para apoiar a parceria.

Seguindo na esteira da inteligência artificial, os *chatbots*, também conhecidos como *chatterbots*, ou "robôs tagarelas", são agentes de *software* que simulam uma entidade – geralmente um humano – com quem o usuário pode interagir em uma conversa. Um dos primeiros e principais objetivos do *chatbot* sempre foi se assemelhar a um humano inteligente e dificultar ou impossibilitar à outra parte da conversa a percepção de sua verdadeira natureza (Wailthare et al., 2018).

Em uma pesquisa realizada pela Oracle, em que cerca de 800 profissionais de marketing espalhados pelos Estados Unidos foram entrevistados, a gigante de *softwares* descobriu que 36% das empresas já usam *chatbots* e que 80% das marcas no país planejam usá-los em suas operações nos próximos anos (Nicácio, 2018).

Nos próximos anos, a proliferação dos *chatbots* deverá tomar grandes proporções, por meio de avanços na inteligência artificial somados ao crescimento de aplicativos de mensagens, os quais estão servindo de combustível para o desenvolvimento desses robôs (Nicácio, 2018).

Síntese

Diante da importância do marketing para a área de vendas, neste capítulo explicamos o que é a área de marketing e como atende aos desejos dos clientes, os quais foram abordados com base na pirâmide de Maslow.

Apresentamos, na sequência, as principais tendências da área comercial, com destaque para a ferramenta LinkedIn, além de darmos sugestões de como aproveitá-la para aumentar as vendas. Também analisamos as principais tendências relacionadas à equipe comercial, envolvendo a importância dos profissionais, a revisão do organograma comercial e a redução da base da pirâmide.

Destacamos, ainda, as principais tendências da área de marketing, entre as quais está o crescimento da tecnologia no consumo, exemplificada pelo uso do celular como uma importante ferramenta de vendas. Por fim, apresentamos algumas considerações sobre o tão falado *big data*, a inteligência artificial e os *chatbots*, os "robôs tagarelas".

Questões para revisão

1. Qual é o motivo de um livro de vendas abordar a área de marketing?

    a) Porque a área de vendas é uma parte da área de marketing.

    b) Porque as áreas de vendas, marketing e logística fazem parte de um mesmo segmento.

    c) Porque a atividade de vender não é isolada e, para alcançar o sucesso, é necessária uma estratégia de marketing bem elaborada que inclua os 4 Ps.

    d) Porque marketing é a área-chave das empresas.

    e) Porque marketing, logística, finanças e vendas pertencem ao mesmo segmento.

2. Quais são os três principais temas destacados no estudo da Euromonitor Research, de 2018, abordado neste capítulo?

    a) Entretenimento, valorização do espaço e importância da loja física.

b) Entretenimento, conveniência e experiência do cliente.
c) Atratividade, valorização do espaço e experiência do cliente.
d) Importância da loja física, atendimento ao cliente e formas de atrair o cliente.
e) Prospecção, entretenimento e atendimento pós-venda.

3. O que são os 3 Vs do *big data*?

   a) Volume, velocidade e variedade.
   b) Vitória, vivência e versatilidade.
   c) Velocidade, versatilidade e vivência.
   d) Volume, vivência e versatilidade.
   e) Vitória, volume e vivência.

4. Quais são as principais ações para criar um perfil atrativo no LinkedIn?
5. Por que é importante que a equipe de vendas conheça as principais tendências do mercado?

Questões para reflexão

1. Considerando a pirâmide de Maslow, apresentada neste capítulo, que estratégias motivacionais você, na posição de gestor de vendas, adotaria para que seus funcionários tivessem todas as necessidades atendidas?
2. Reflita sobre o seu dia a dia e o das pessoas ao seu redor, considerando suas dinâmicas diárias, e avalie como o uso da internet impacta em sua vida. Em seguida, considere de que forma a internet pode impactar a área de vendas.
3. Você tem um perfil atualizado no LinkedIn? Se ainda não tiver, crie um. Em seguida, faça uma lista de outras

ações, além das apontadas neste capítulo (isso pode ser coletado por meio de conversas com seus colegas), para otimizar o uso dessa rede social em benefício do trabalho na área de vendas.

Para saber mais

KOTLER, P.; KARTAJAYA, H.; SETIAWAN, I. **Marketing 4.0**: do tradicional ao digital. Rio de Janeiro: Sextante, 2017.

Conforme explicamos neste livro, Philip Kotler foi o grande propagador dos 4 Ps de marketing e é considerando um dos papas dessa área. Por isso, sugerimos a leitura deste livro para o aprofundamento de diversas questões e tendências da atualidade. Na obra, escrita em conjunto com Hermawan Kartajaya e Iwan Setiawan, os autores discutem sobre a passagem do marketing tradicional para o marketing digital, o chamado *marketing 4.0*, e destacam como entender o novo consumidor nesse contexto e, também, de que forma abordá-lo para definir estratégias.

Para concluir...

A PRIMEIRA METODOLOGIA DE VENDAS FOI CRIADA NA EMPRESA Xerox e consistia em um manual de vendas que precisava ser seguido por todos os vendedores da organização. Por seu sucesso, tornou-se um modelo adotado por milhares de empresas em todo o mundo. Em seguida, surgiram as vendas estratégicas, a venda de soluções, as vendas centradas no cliente e muitos, muitos outros modelos. Atualmente, esse cenário vem sendo constantemente modificado, por meio do uso de *big data* e de inteligência artificial, elementos que representam outro patamar em vendas.

Sob essa ótica, esperamos que, após a leitura desta obra, você tenha compreendido que a criação de um novo modelo de vendas não elimina os mais antigos; somente aumenta o repertório de estratégias de vendas e a dependência das habilidades de um bom vendedor para realizar uma venda de acordo com o modelo mais adequado, para o cliente certo no momento exato.

Com a clareza de que a área de vendas é o coração de uma empresa, neste livro, além de ampliar a literatura a respeito da temática, buscamos ajudar as empresas a explorar todo o potencial que essa área oferece, bem como educar pesquisadores das temáticas de administração e profissionais de vendas, demonstrando a importância dessa área e de sua gestão para o sucesso das empresas.

Acreditamos, por fim, que a leitura deste material tenha contribuído para conferir à área de vendas a devida importância que ela merece, pois, como afirmam Dixon e Tanner (2012, p. 12, tradução nossa), "os vendedores hoje devem ver seu papel como o de arquitetos para a mudança no universo de seus clientes, e eles agregam valor quando podem desafiar os paradigmas existentes e proporcionar uma melhor tomada de decisão".

Referências

ABEVD – Associação Brasileira de Empresas de Vendas Diretas. **Crescimento em novos segmentos na venda direta**. 19 set. 2017a. Disponível em: <https://abevd.org.br/crescimento-em-novos-segmentos-na-venda-direta>. Acesso em: 10 dez. 2019.

_____. **Modalidades de venda direta**. Disponível em: <https://abevd.org.br/vendas-diretas/modalidades>. Acesso em: 10 dez. 2019.

_____. **Venda direta**. 30 dez. 2012. Disponível em: <http://abevd.org.br/venda-direta-2>. Acesso em: 10 dez. 2019.

_____. **Venda direta de produtos de beleza é mais forte no Brasil**. 3 ago. 2017b. Disponível em: <https://abevd.org.br/venda-direta-de-produtos-de-beleza-e-mais-forte-no-brasil/>. Acesso em: 10 dez. 2019.

_____. **Vendas diretas movimentam R$ 20,9 bilhões no 1º semestre de 2017**. 25 set. 2017c. Disponível em: <https://abevd.org.br/vendas-diretas-movimentam-r-209-bilhoes-no-lo-semestre-de-2017>. Acesso em: 10 dez. 2019.

ACOM SISTEMAS. **CRM, criando a fidelidade dos clientes**. Disponível em: <http://www.acomsistemas.com.br/blog/crm-criando-fidelidade-dos-clientes/>. Acesso em: 10 dez. 2019.

AGÊNCIA WCK. **Como uma gestão de vendas bem estruturada influencia nos resultados**. 13 abr. 2017. Disponível em: <https://agenciawck.com.br/

como-uma-gestao-de-vendas-bem-estruturada-influencia-nos-resultados>. Acesso em: 10 dez. 2019.

AMA – American Marketing Association. Disponível em: <https://www.ama.org>. Acesso em: 10 dez. 2019.

ANDRADE, L. Isso já é realidade: empresas usam robôs para atender clientes. **Veja**, 10 out. 2017. Disponível em: <https://veja.abril.com.br/economia/isso-ja-e-realidade-empresas-usam-robos-para-atender-clientes/>. Acesso em: 10 dez. 2019.

BELLES, M. **Entrevista concedida a Cláudia Osna Geber**. Curitiba, jul. 2018.

BERNARDINHO. **Transformando suor em ouro**. Rio de Janeiro: Sextante, 2011.

BOTH, M. **A importância de metas de vendas para o seu negócio**. 16 nov. 2016. Disponível em: <https://www.vendasexternas.com.br/importancia-de-metas-de-vendas-para-o-seu-negocio/>. Acesso em: 10 dez. 2019.

BRADFORD, K.; WEITZ, B. Personal Selling and Sales Management: a Relationship Marketing Perspective. **Journal of the Academy of Marketing Science**, v. 27, n. 241, mar. 1999.

BUSINESS INSIDER INTELLIGENCE. **80% of Businesses Want Chatbots by 2020**. 2016. Disponível em: <https://www.businessinsider.com/80-of-businesses-want-chatbots-by-2020-2016-12>. Acesso em: 10 dez. 2019.

CAMPOS, W. **Como organizar um departamento de vendas**. 30 ago. 2009. Disponível em: <https://administradores.com.br/artigos/como-organizar-um-departamento-de-vendas>. Acesso em: 10 dez. 2019.

CARPES, R. **Curiosidades sobre Mary Kay**. 5 jan. 2016. Disponível em: <https://blog.expanssiva.com.br/curiosidades-sobre-mary-kay>. Acesso em: 10 dez. 2019.

CARVALHAIS, R. dos S.; PATTO, A. R. **Como elaborar um plano de vendas**. Belo Horizonte: Sebrae/MG, 2007. Disponível em: <https://bibliotecas.sebrae.com.br/chronus/ARQUIVOS_CHRONUS/bds/bds.nsf/A15B930602D0F967832573D900489A03/$File/NT00037492.pdf>. Acesso em: 10 dez. 2019.

CHIAVENATO, I. **Administração de vendas**: uma abordagem introdutória. Rio de Janeiro: Elsevier, 2005.

CHIAVENATO, I. **Gestão de pessoas**: o novo papel dos recursos humanos nas organizações. Rio de Janeiro: Campus, 1999.

_____. **Introdução à teoria geral da administração**. 4. ed. São Paulo: Manole, 2014.

CNDL – Confederação Nacional de Dirigentes Lojistas. **47% dos internautas sempre buscam informações online antes de comprarem em lojas físicas, mostra levantamento da CNDL e SPC Brasil**. 2017. Disponível em: <https://site.cndl.org.br/47-dos-internautas-sempre-buscam-informacoes-online-antes-de-comprarem-em-lojas-fisicas-mostra-levantamento-da-cndl-e-spc-brasil>. Acesso em: 10 dez. 2019.

COBRA, M. **Administração de vendas**. 4. ed. São Paulo: Atlas, 1994.

COLETIVA.NET. **"Estamos vivendo um caminho sem volta" afirma gerente da Kantar Ibope Media**. 5 dez. 2017. Disponível em: <http://coletiva.net/especiais-semana-arp-2017/-estamos-vivendo-um-caminho-sem-volta-afirma-gerente-da-kantar-ibope-media,232467.jhtml>. Acesso em: 10 dez. 2019.

COSTA, D. Com orçamento apertado, consumidor recorre ao reparo. **O Globo**, 19 jun. 2016. Disponível em: <https://oglobo.globo.com/economia/com-orcamento-apertado-consumidor-recorre-ao-reparo-19537505>. Acesso em: 10 dez. 2019.

CUNHA, A. G. da. **Dicionário etimológico da língua portuguesa**. 4. ed. São Paulo: Lexikon, 2012.

DENNIS, S. The End of E-Commerce? These Days, It's All Just Commerce. **Forbes**, 2 out. 2017. Disponível em: <https://www.forbes.com/sites/stevendennis/2017/10/02/the-end-of-e-commerce/#5896568f761d>. Acesso em: 10 dez. 2019.

DEVICENTIS, J.; RACKAM, N. **Rethinking the Sales Force**: Redefining Selling to Create and Capture Customer Value. New York: McGraw-Hill, 1998.

DI BONIFÁCIO, M. **B2C, B2B, B2E, B2G, B2B2C, C2C e marketplace**: qual a diferença entre eles? 14 out. 2016. Disponível em: <http://www.fastchannel.com/blog/b2c-b2b-b2e-b2g-b2b2c-c2c-e-marketplace-qual-diferenca-entre-eles>. Acesso em: 10 dez. 2019.

DI FIORE, A. **Por que a IA levará a tomada de decisão da diretoria à linha de frente**. 25 ago. 2018. Disponível em: <http://www.coachingcarreiras.

com.br/por-que-a-ia-levara-a-tomada-de-decisao-da-diretoria-a-linha-de-frente/>. Acesso em: 10 dez. 2019.

DIXON, A.; TANNER, J. Transforming Selling: Why It Is Time to Think Differently about Sales Research. **Journal of Personal Selling & Sales Management**, v. 32, n. 1, p. 9-14, 2012.

DRUCKER, P. **Introdução à administração**. São Paulo: T. Learning, 2006.

DUARTE, T. **Unilever**: exemplo de ação de pós-venda. 1º out. 2012. Disponível em: <https://satisfacaodeclientes.com/unilever-exemplo-de-acao-de-pos-venda/>. Acesso em: 10 dez. 2019.

EBIT. **Webshoppers 38ª edição**. 2018. Disponível em: <https://www.fecomercio.com.br/public/upload/editor/ws38_vfinal.pdf>. Acesso em: 10 dez. 2019.

E-COMMERCE BRASIL. **E-commerce brasileiro vai crescer 12,4% ao ano e dobrar de tamanho no país, diz Google**. 17 out. 2016. Disponível em: <https://www.ecommercebrasil.com.br/noticias/e-commerce-google>. Acesso em: 10 dez. 2019.

_____. **Vendas diretas crescerão 11,5% até 2021**. 13 jun. 2017. Disponível em: <https://www.ecommercebrasil.com.br/noticias/vendas-diretas-crescerao-ate-2021/>. Acesso em: 10 dez. 2019.

EUROMONITOR RESEARCH. **Latino-americanos aumentarão os gastos com experiências de viagens**. 4 mar. 2018. Disponível em: <https://blog.euromonitor.com/latino-americanos-aumentarao-os-gastos-com-experiencias-de-viagens/>. Acesso em: 10 dez. 2019.

EVANSCHITZKY, H.; SHARMA, A.; PRYKOP, C. The Role of the Sales Employee in Securing Customer Satisfaction. **European Journal of Marketing**, v. 46, n. 3, p. 489-508, 2012.

FARIA, A. **História das vendas**: entenda como tudo evoluiu. Disponível em: <https://outboundmarketing.com.br/infografico-historia-das-vendas>. Acesso em: 10 out. 2019.

FOURSALES. **Como será o futuro da área comercial?** 13 set. 2017. Disponível em: <http://www.foursales.com.br/carreira/como-sera-o-futuro-da-area-comercial/>. Acesso em: 10 dez. 2019.

FRANZINI, F. **Para quem não sabe para onde vai, qualquer caminho serve**. 3 fev. 2014. Disponível em: <https://imasters.com.br/desenvolvimento/

para-quem-nao-sabe-para-onde-vai-qualquer-caminho-serve>. Acesso em: 10 dez. 2019.

G1. **E-commerce fatura R$ 44,4 bilhões em 2016, alta de 7,4%.** 17 fev. 2017. Disponível em: <https://g1.globo.com/economia/negocios/noticia/e-commerce-fatura-r-444-bilhoes-em-2016-alta-de-74.ghtml>. Acesso em: 10 dez. 2019.

GALLO, R. **Trajetória de sucesso.** 28 jun. 2010. Disponível em: <http://www.centroempresarial.com.br/pt-br/noticias/ver-noticia.asp?id=24>. Acesso em: 10 dez. 2019.

GARGARO, L. Do online para o off-line: Amaro expande estratégia digital com Guide Shops em São Paulo e no Rio de Janeiro. **Vogue**, 16 maio 2016. Disponível em: <https://vogue.globo.com/moda/moda-news/noticia/2016/05/do-online-para-o-line-amaro-expande-estrategia-digital-com-guide-shops-em-sao-paulo-e-no-rio-de-janeiro.html>. Acesso em: 10 dez. 2019.

GHERMANDI, F. **Como definir o posicionamento de marketing de uma marca.** 3 jan. 2016. Disponível em: <https://blog.luz.vc/o-que-e/posicionamento-de-marketing>. Acesso em: 10 dez. 2019.

GOMES, G. **Como será a jornada de compra em 2040?** 23 out. 2018. Disponível em: <http://blog.neomode.com.br/como-sera-jornada-de-compra-em-2040>. Acesso em: 10 dez. 2019.

HARACEMIV, L. **Como motivar uma equipe de vendas em 5 passos.** 2015. Disponível em: <https://www.dnadevendas.com.br/blog/como-motivar-uma-equipe-de-vendas/>. Acesso em: 10 dez. 2019.

HARTMANN, N. N.; WIELAND, H.; VARGO, S. L. Converging on a New Theoretical Foundation for Selling. **Journal of Marketing**, v. 82, n. 2, p. 1-18, 2018.

HERJAVEC, R. **Cinco coisas que os 20% melhores profissionais de vendas fazem.** 20 mar. 2017. Disponível em: <https://experience.hsm.com.br/posts/cinco-coisas-que-os-20-melhores-profissionais-de-vendas-fazem>. Acesso em: 10 dez. 2019.

HERMAN, F. Selling Is Simple (Not Easy, but Simple). 2. ed. [S.l.]: Vantage Press; Hardcover, 1970.

HESKETT, J. L. et al. Putting the Service-Profit Chain to Work. **Harvard Business Review 72**, n. 2, p. 164-174, 1994.

HSIEH, T. **Satisfação garantida**. São Paulo: Thomas Nelson Brasil, 2010.

IKEA. **Sobre o grupo Ikea**: bem-vindo à nossa empresa. Disponível em: <https://www.ikea.com/pt/pt/this-is-ikea/about-the-ikea-group/index.html>. Acesso em: 10 dez. 2019.

IMASTERS. **LinkedIn libera pesquisa que revela o perfil dos usuários no Brasil**. 28 jan. 2014. Disponível em: <https://imasters.com.br/noticia/linkedin-libera-pesquisa-que-revela-o-perfil-dos-usuarios-no-brasil>. Acesso em: 10 dez. 2019.

ISAACSON, W. As verdadeiras lições de liderança de Steve Jobs. **Harvard Business Review**, 4 abr. 2012. Disponível em: <https://hbrbr.uol.com.br/as-verdadeiras-licoes-de-lideranca-de-steve-jobs/>. Acesso em: 10 dez. 2019.

JOLSON, M. A. Broadening the Scope of Relationship Selling. **Journal of Personal Selling & Sales Management**, v. 17, n. 4, p. 75-88, 2013. Disponível em: <http://www.communicationcache.com/uploads/1/0/8/8/10887248/broadening_the_scope_of_relationship_selling.pdf>. Acesso em: 10 dez. 2019.

KOTLER, P.; KELLER, K. L. **Administração de marketing**. 10. ed. São Paulo: Pearson Prentice Hall, 2004.

_____._____. 12. ed. São Paulo: Pearson Prentice Hall, 2006.

_____._____. 14. ed. São Paulo: Pearson Prentice Hall, 2012.

LAS CASAS, A. L. **Administração de vendas**. São Paulo: Atlas, 2005.

LEAL, K. **Preço ou valor? Entenda a diferença entre os termos e como influenciam no seu negócio**. Disponível em: <http://actioncoachsc.com.br/preco_ou_valor/>. Acesso em: 10 dez. 2019.

LOUREIRO, M. Quem é o profissional de vendas mais valorizado do Brasil. **Exame**, 4 dez. 2017. Disponível em: <https://exame.abril.com.br/carreira/quem-e-o-profissional-de-vendas-mais-valorizado-do-brasil/>. Acesso em: 10 dez. 2019.

MACDONALD, E. K.; KLEINALTENKAMP, M.; WILSON, H. How Business Customers Judge Solutions: Solution Quality and Value in Use. **Journal of Marketing**, v. 80, n. 3, p. 96-120, 2016. Disponível em: <https://journals.sagepub.com/doi/10.1509/jm.15.0109>. Acesso em: 10 dez. 2019.

MAGALHÃES, T. **Os últimos 10 anos e a transformação da TV**. 27 nov. 2017. Disponível em: <https://br.kantar.com/m%-C3%ADdia/%C3%Aludio,-texto,-tv-e-v%C3%ADdeo/2017/ultimos-10-anos-tv-transformacao-quem-te-viu-quem-tv>. Acesso em: 10 dez. 2019.

MALSHE, A.; HUGHES, D. E.; LE BON, J. The Marketing-Sales Interface at the Interface: Creating Market-Based Capabilities through Organizational Synergy. **Journal of Personal Selling and Sales Management**, v. 32, n. 1, p. 57-72, 2012. Disponível em: <https://ir.stthomas.edu/cgi/viewcontent.cgi?referer=https://www.google.com/&httpsredir=1&article=1018&context=ocbmktgpub>. Acesso em: 10 dez. 2019.

MALVEZI, R. Saiba como usar o LinkedIn a seu favor. **Estadão**, 3 jun. 2015. Disponível em: <https://link.estadao.com.br/noticias/geral,saiba-como-usar-o-linkedin-a-seu-favor,10000029292>. Acesso em: 10 dez. 2019.

MARCHETTI, V. **Problemas no atendimento ao cliente no pós-venda**: assistência técnica. 3 mar. 2011. Disponível em: <https://administradores.com.br/artigos/problemas-no-atendimento-ao-cliente-no-pos-venda-assistencia-tecnica>. Acesso em: 10 dez. 2019.

MARQUES, J. R. **Ricardo Sayon**: conheça a história do criador da loja de brinquedos Ri Happy. 21 maio 2015. Disponível em: <https://www.ibccoaching.com.br/portal/ricardo-sayon-conheca-a-historia-do-criador-da-loja-de-brinquedos-ri-happy/>. Acesso em: 10 dez. 2019.

MELO, L. Como a Zappos pode ensinar os brasileiros a atender clientes. **Exame**, 17 set. 2014. Disponível em: <https://exame.abril.com.br/negocios/como-a-zappos-pode-ensinar-os-brasileiros-a-atender-clientes/>. Acesso em: 10 dez. 2019.

MELO, S. **Ex-vendedor de balas ganha milhões dando palestras a executivos**. 2015. Disponível em: <https://catracalivre.com.br/economize/ex-vendedor-de-balas-ganha-milhoes-dando-palestras-a-executivos/>. Acesso em: 10 dez. 2019.

MENDES, R. **O dinheiro de verdade está no mercado de e-commerce B2B**. 14 abr. 2015. Disponível em: <https://www.profissionaldeecommerce.com.br/dinheiro-mercado-e-commerce-b2b/>. Acesso em: 10 dez. 2019.

MESQUITA, R. **Como escolher a localização comercial perfeita para o seu negócio**. Disponível em: <https://saiadolugar.com.br/localizacao-comercial/>. Acesso em: 10 dez. 2019.

MULTINÍVEL PLUS. **Histórico e evolução das vendas diretas no Brasil**. 16 dez. 2016. Disponível em: <https://administradores.com.br/artigos/historico-e-evolucao-das-vendas-diretas-no-brasil>. Acesso em: 10 dez. 2019.

NEGÓCIOS E CARREIRAS. **Conhecendo e dominando as 6 fases da venda**. 22 dez. 2015. Disponível em: <http://negociosecarreiras.com.br/conhecendo-e-dominando-as-6-fases-da-venda/>. Acesso em: 10 dez. 2019.

NICÁCIO, R. **4 tendências de chatbots para 2018**. 23 jul. 2018. Disponível em: <https://oportaln10.com.br/4-tendencias-de-chatbots-para-2018-83003/>. Acesso em: 10 dez. 2019.

OLIVEIRA, B. E. M. de. **Administração de vendas**. Disponível em: <https://www.cairu.br/biblioteca/arquivos/Marketing/Administracao_Vendas.pdf>. Acesso em: 10 dez. 2019.

PARERA, E. **Marketing B2B vs. B2C**: 10 grandes diferenças e melhores ações para aplicar em Social Media. Disponível em: <https://postcron.com/pt/blog/b2b-marketing-vs-b2c-marketing/>. Acesso em: 10 dez. 2019.

PAULILLO, G. **Como ser visto no LinkedIn gastando 5 minutos por dia**. Disponível em: <https://www.agendor.com.br/blog/como-se-tornar--um-influencer-no-linkedin/>. Acesso em: 10 dez. 2019a.

_____. **Conheça os 5 melhores vendedores do mundo para se inspirar**. Disponível em: <https://www.agendor.com.br/blog/melhores-vendedores-do-mundo>. Acesso em: 10 dez. 2019b.

PINK, D. H. **Saber vender é da natureza humana**. Lisboa: Texto Editores, 2013.

PORTAL MULTINÍVEL. **O que é venda direta e quais são as grandes vantagens?** 10 mar. 2018. Disponível em: <https://www.portalmultinivel.com/o-que-e-venda-direta-e-quais-sao-as-grandes-vantagens/>. Acesso em: 10 dez. 2019.

PROVOST, F.; FAWCETT, T. **Data Science and Its Relationship to Big Data and Data-Driven Decision Making**. 13 fev. 2013. Disponível em: <https://www.liebertpub.com/doi/10.1089/big.2013.1508>. Acesso em: 10 dez. 2019.

QUEZADO, M. **Quais os melhores exemplos de metas de vendas**: para equipe ou individual? 23 jan. 2018. Disponível em: <https://meetime.com.br/blog/gestao-equipe/exemplos-de-metas-de-vendas/>. Acesso em: 10 dez. 2019.

RACE COMUNICAÇÃO. **Vono**: uma década de praticidade e inovação. Disponível em: <http://www.racecomunicacao.com.br/vono/>. Acesso em: 10 dez. 2019.

RAPP, A. et al. Perceived Customer Showrooming Behavior and the Effect on Retail Salesperson Self-Efficacy and Performance. **Journal of Retailing**, v. 92, n. 2, 2015.

RIBEIRO, M. L. **Melhore suas vendas com o método AIDA**. 25 jul. 2017. Disponível em: <https://mlmidiadigital.com.br/melhore-suas-vendas-com-o-metodo-aida>. Acesso em: 10 dez. 2019.

RODRIGUES, A. C. A gestão divertida e inovadora do fundador da grife Reserva. **Exame**, 29 jan. 2015. Disponível em: <https://exame.abril.com.br/carreira/a-lideranca-irreverente-e-inovadora-do-fundador-da-reserva/>. Acesso em: 10 dez. 2019.

ROSS, A. **Painful Truth**: Growing Will Take Years Longer than You Want. 9 dez. 2016. Disponível em: <https://www.salesforce.com/blog/authors/aaron-ross>. Acesso em: 10 dez. 2019.

ROSS, A.; TYLER, M. **Predictable Revenue**: Turn Your Business Into a Sales Machine with the $100 Million Best Practices of Salesforce.com. [S.l.]: Pebblestorm, 2011.

SALOMÃO, T. **De aprender com erros até "beijinho no ombro", Felipão dá uma grande aula de liderança**. 19 maio 2014. Disponível em: <https://www.infomoney.com.br/carreira/gestao-e-lideranca/noticia/3354848/aprender-com-erros-ate-beijinho-ombro-felipao-uma-grande-aula>. Acesso em: 10 dez. 2019.

SAMBA TECH. **Panorama do treinamento corporativo no Brasil e porque você deve investir nele**. 2 dez. 2015. Disponível em: <https://sambatech.com/blog/insights/panorama-do-treinamento-corporativo-no-brasil-e-porque-voce-deve-investir-nele/>. Acesso em: 10 dez. 2019.

SANTÂNGELO, C. C. F. **A importância da área de vendas para as empresas de negócios pet**. 16 dez. 2013. Disponível em: <https://www.revistapetcenter.com.br/materias/ler-materia/123/a-importancia-da-area-de-vendas-para-as-empresas-de-negocios-pet>. Acesso em: 10 dez. 2019.

SBVC – Sociedade Brasileira de Varejo e Consumo. **Como o comportamento de consumo mudará nos próximos 20 anos?** 11 dez. 2018. Disponível em: <http://sbvc.com.br/comportamento-consumo-mudara-20anos>. Acesso em: 10 dez. 2019.

SEBRAE – Serviço Brasileiro de Apoio às Micros e Pequenas Empresas. **Ponto de venda**: estratégias e dicas para acertar na escolha. 23 maio 2019. Disponível em: <http://www.sebrae.com.br/sites/PortalSebrae/artigos/o-sucesso-do-negocio-depende-de-sua localizacao,11e89e665b182410VgnVCM100000b272010aRCRD>. Acesso em: 10 dez. 2019.

SERRANO, D. P. **O modelo AIDA**. 5 dez. 2006. Disponível em: <http://www.portaldomarketing.com.br/Artigos/O_Modelo_AIDA.htm>. Acesso em: 10 dez. 2019.

SILVA, D. **Como definir o tamanho do time de vendas?** Disponível em: <https://www.agendor.com.br/blog/definir-tamanho-do-time-de-vendas/>. Acesso em: 10 dez. 2019.

SILVEIRA, C. B. **Diagrama de Ishikawa, causa e efeito ou espinha de peixe [vídeo]**. Disponível em: <https://www.citisystems.com.br/diagrama-de-causa-e-efeito-ishikawa-espinha-peixe/>. Acesso em: 10 dez. 2019.

SOUZA, R. de. **Marketing como recurso para a satisfação dos sócios da associação de cabos e soldados da polícia militar**. Disponível em: <https://monografias.brasilescola.uol.com.br/administracao-financas/marketing-como-recurso-para-satisfacao-dos-socios-associacao-cabos-soldados.htm>. Acesso em: 10 dez. 2019.

TARIFA, A. **Big data**: descubra o que é e como usar na sua empresa. Disponível em: <https://endeavor.org.br/marketing/big-data-descubra-o-que-e-e-como-usar-na-sua-empresa/>. Acesso em: 10 dez. 2019.

TCEPR – Tribunal de Contas do Estado do Paraná. **Ciclo PDCA**. Disponível em: <http://www1.tce.pr.gov.br/conteudo/ciclo-pdca/235505/area/46>. Acesso em: 10 dez. 2019.

TEIXEIRA, R. **O que são valores para uma empresa?** 25 nov. 2012. Disponível em: <https://administradores.com.br/artigos/o-que-sao-valores-para-uma-empresa>. Acesso em: 10 dez. 2019.

TERRA. **Empresário transformou farmácia em negócio bilionário**. Disponível em: <https://www.terra.com.br/economia/vida-de-empresario/empresario-transformou-farmacia-em-negocio-bilionario,b9a4892491918410VgnVCM4000009bcceb0aRCRD.html>. Acesso em: 10 dez. 2019.

TRAJANO, L. H. **Mudando sempre, por Luiza Helena Trajano**. Disponível em: <https://endeavor.org.br/desenvolvimento-pessoal/mudando-sempre>. Acesso em: 10 dez. 2019.

TRAVIS, S. **3 insights para atender melhor seus clientes B2B**. ago. 2018. Disponível em: <https://www.thinkwithgoogle.com/intl/pt-br/advertising-channels/busca/tres-insights-para-atender-melhor-seus-clientes-b2b/>. Acesso em: 10 dez. 2019.

VENDAMAIS. **Investimento em treinamento e cartão próprio impulsionam vendas da rede atacadista Assaí**. 23 ago. 2018. Disponível em: <https://www.vendamais.com.br/treinamento-e-cartao-proprio-impulsionam-vendas-da-rede-atacadista-assai/>. Acesso em: 10 dez. 2019.

VM2. **Sistemas web**. Disponível em: <http://www.vm2.com.br/b2c-business-to-consumer>. Acesso em: 10 dez. 2019.

WAILTHARE, S. et al. Artificial Intelligence Based Chat-Bot. **International Research Journal of Engineering and Technlogy**, v. 5, n. 3, p. 1060-1062, Mar. 2018. Disponível em: <https://www.irjet.net/archives/V5/i3/IRJET-V5I3242.pdf>. Acesso em: 10 dez. 2019.

WILSON, H. J.; DAUGHERTY, P. R. Collaborative Intelligence: Humans and AI Are Joining Forces. **Harvard Business Review**, 2018. Disponível em: <https://hbr.org/2018/07/collaborative-intelligence-humans-and-ai-are-joining-forces>. Acesso em: 10 dez. 2019.

ZANETTI, B. **Entrevista concedida a Cláudia Osna Geber**. São Paulo, jul. 2018.

Respostas

Capítulo 1

Questões para revisão

1. a
2. a
3. c
4. A estratégia Aida diz respeito aos seguintes conceitos: atenção – saber da existência do produto ou serviço; interesse – o produto deve captar e manter o interesse do futuro cliente; desejo – ter o desejo de obter os benefícios que o produto/serviço oferece; ação – ato de comprar o produto.
5. Definição do objetivo, que envolve o desenvolvimento de um propósito claro e tangível; planejamento de ações, que deve considerar as normas e políticas da organização; o compartilhamento do planejamento entre o gestor e os demais membros da equipe.

Capítulo 2

Questões para revisão

1. c
2. a
3. c
4. A principal razão descrita no livro é que, ao iniciar sua empresa, Rony Mesler buscou pessoas que se apaixonassem pelo negócio, mas que também pudessem se tornar seus amigos, com quem ele gostaria de jantar ou tomar uma cerveja regularmente.
5. Planejamento de vendas, relativo à definição clara dos objetivos e à criação e estabelecimento da estratégia de vendas; e gerenciamento da força de vendas, relacionado à definição dos seguintes aspectos: tamanho da força de vendas, remuneração, recrutamento e seleção, treinamento, supervisão de equipe, motivação dos vendedores e avaliação dos vendedores.

Capítulo 3

Questões para revisão

1. c
2. b
3. a
4. Porque, conhecendo o cliente, o vendedor consegue se preparar de forma muito melhor para o atendimento e a concretização da venda.

5. Automação do processo de vendas; suporte e serviço ao cliente; serviço de campo; automação do marketing.

Capítulo 4

Questões para revisão

1. c
2. a
3. a
4. Criar um perfil de impacto, potencializar esse perfil na rede social e encontrar diferentes grupos para participar.
5. Em síntese, a equipe de vendas precisa saber das tendências de mercado para utilizar a tecnologia a seu favor. No caso do *m-commerce*, por exemplo, é recomendado que ele seja utilizado como uma ferramenta de vendas, gerando mais atratividade para o cliente e em adequação com os novos comportamentos da era digital.

Sobre as autoras

Samanta Puglia Dal Farra tem mais de vinte anos de experiência profissional nas áreas de *e-commerce*, varejo, marketing e *consumer insights* em empresas multinacionais e nacionais líderes em seus segmentos de atuação (Britânia, Nielsen, Ferrero, GS&MD, Levi's). Oito desses vinte anos foram voltados ao gerenciamento de relacionamentos estratégicos com clientes varejistas dos segmentos de supermercado, farmácia, perfumaria, eletroeletrônicos e *cash & carry*.

Tem perfil altamente analítico, ancorado em sólida experiência profissional e em formação acadêmica, com vivência no desenvolvimento de análises *crossdata* para a identificação de *insights* e de oportunidades mensuráveis, além de conhecer profundamente o varejo brasileiro, o comportamento do consumidor *on-line* e *off-line* e a dinâmica das categorias de bens de consumo rápido.

Cláudia Osna Geber é de Curitiba, no Paraná, e atua há mais de dez anos nas áreas de marketing e comercial em empresas nacionais e multinacionais líderes em seus segmentos de atuação. Tem experiência em gerenciamento de portfólio, desenvolvimento de novos produtos, balanço comercial, definição e análise de KPIs, campanhas e ações de varejo com foco nos consumidores finais e nos varejistas, pesquisas com consumidor, campanhas 360° e promoções e eventos de marketing.

Trabalha atualmente como Brand Manager em uma grande distribuidora de marcas internacionais do segmento de esporte, sendo responsável pelas áreas de Marketing e Comercial, e atua na área acadêmica com disciplinas presenciais e ensino EAD nas áreas de Marketing, Varejo, Vendas e Comunicação.

Os papéis utilizados neste livro, certificados por instituições ambientais competentes, são recicláveis, provenientes de fontes renováveis e, portanto, um meio sustentável e natural de informação e conhecimento.

FSC
www.fsc.org
MISTO
Papel produzido a partir de fontes responsáveis
FSC® C057341

Impressão: Log&Print Gráfica & Logística S.A.
Julho/2021